FUGA DE RIGEL

Diogo de Souza Feijó

Editora
ISIS

Capa
Equipe técnica da Editora Isis

Revisão
Luciana R. de Castro

Projeto gráfico e diagramação
Fulvia Zonaro • Lummi Editorial

ISBN
978-85-88886-33-9

Proibida a reprodução total ou parcial desta obra, em qualquer forma ou por qualquer meio: eletrônico, mecânico, xerográfico, sem a expressa autorização da Editora, conforme Lei nº 9.610 de 19/02/1998.

Direitos exclusivos para a língua portuguesa reservados para Editora Isis.

Editora Isis
www.editoraisis.com.br

2008

Sumário

I. Fuga de Rigel 3
II. O Retorno de Alan 3
III. O Reencontro de Lúcio 3
IV. Conversa com Rasalas 3
V. Telefonema para Lesath 3
VI. As visões de Lesath 3
VII. O primeiro café da manhã de Alan 3
VIII. As respostas de Amanda 3
IX. Aliança com Deneb 3
X. A falha de Lesath 3
XI. A despedida de Lesath 3
XII. A dor de Astérope 3
XIII. A história de Achernar 3
XIV. O computador de Rigel 3
XV. Aliança com Lúcio 3
XVI. A viagem de Alan 3
XVII. A segunda fuga de Rigel 3
XVIII. O plano de Achernar 3
XIX. A corrida de Rigel 3
XX. Luta com Rasalas 3
XXI. O Confronto 3
Epílogo: Quem ele vai ser? 3

Capítulo I

A Fuga de Rigel

Nunca mais Rigel se esqueceu daquela noite. Nunca mais ele se esqueceu do dia em que fugiu de casa, para voltar para casa. A ansiedade daquela perseguição. O medo de ser pego por quem, horas atrás, era um grande amigo. Aquela noite ficou gravada em sua mente e, de certa forma, guiou todas as suas atitudes daquele momento em diante. Reencontrar a família perdida, deixar para trás uma vida de mentiras, romper com o domínio do medo. Seu coração era uma usina de emoções naquela noite, de ansiedades e de desejos. Mesmo depois, quando perdeu sua memória, a lembrança daquela noite permaneceu muda, inatingível, mas sustentando todos os seus pensamentos. E ele nunca mais deixou de valorizar um abraço, perdoar os erros de quem realmente amava, ajudar outras crianças: para que elas não precisassem também sair de casa.

E nunca mais ele se esqueceu do significado da palavra Pai.

Naquela noite, Rigel corria.

Atrás, à frente e acima, as luzes foscas das lâmpadas da rua brilhavam com o halo característico de uma noite recém-iniciada. O ar trazia uma umidade e limpeza de breve duração, como sempre acontecia após a chuva. Ao seu redor, as pessoas lhe davam passagem, virando sua atenção para dentro de si mesmas. Faziam o possível para evitar notarem um garoto sujo correndo pelas ruas da cidade.

O carro que ele havia usado estava agora inutilizado em meio à avenida: dois pneus perfurados pelos tiros que o impediram de continuar sua fuga. Em um instante, ele pisava no acelerador, mal tendo altura para ver a avenida à sua frente, e no outro, o veículo girava, derrapava e capotava, rodando o planeta ao seu redor. Rigel saiu do carro antes das viaturas de polícia chegarem e saltou do viaduto onde estava para a rua, metros abaixo. Suavizou sua queda conforme se concentrava em aliviar seu próprio peso. Seus perseguidores, ele sabia, não tinham este luxo, e davam agora uma grande volta para alcançá-lo.

Prédios passavam ao seu redor, algumas pessoas notavam sua pressa. Se não encontrasse algum lugar onde pudesse se esconder logo, os policiais fariam o trabalho de seus perseguidores e todo o seu esforço seria inútil.

"Aposto que não foi assim com Sirius."

Seus olhos se moviam frenéticos pelos outdoors, placas de trânsito, bancas de jornal, avisos de lojas que fechavam, telões projetados em meio ao horizonte da avenida, e a tudo isso ele lia, memorizava e analisava enquanto corria.

Leu a publicidade da rua por alguns instantes antes de chegar à conclusão obvia:

"Não vou obter ajuda pelos anúncios... Eu preciso de um local onde possa me esconder...Um esconderijo... De quanto tempo preciso?".

Fez um calculo mental rápido. O telefonema não demoraria mais do que cinco minutos, precisaria de mais ou menos três para se colocar no relaxamento necessário para perceber as funções de seu cérebro, mais cinco para estabilizar a ansiedade e controlar os centros nervosos adequados. Supondo que a operação fosse bem sucedida, acordaria dali a meia hora, e conhecendo-se, contou mais meia hora de confusão até pôr-se em movimento de novo.

"Uma hora e meia. Eu preciso me esconder de Vega por uma hora e meia". Naquele momento, a tarefa parecia-lhe impossível, pior ainda porque Vega estava com Alphard, e ninguém lhe conhecia melhor do que Alphard.

Lembrou-se então de uma noite, cerca de dois anos atrás, quando Polaris lhe ensinava sobre os setores do cérebro e de como era possível, com treino suficiente, concentrar-se em mais de uma tarefa ao mesmo tempo sem perda aparente de produtividade em nenhuma delas, uma habilidade que ela chamava de "Multipsiquismo". Naquele dia, Polaris lhes havia passado uma série de exercícios a serem seguidos, que poderiam com o tempo, estimular este desenvolvimento. Rigel havia se posto a realizar todos, como sempre fazia, determinado a agradar seus professores. Meses depois, com poucos resultados, voltou sua atenção a coisas mais interessantes, como fritar um ovo na cozinha enquanto tomava banho sem aquecer a água ao seu redor, ou embaralhar cartas sem tocar nelas e ainda falar de cabeça a posição de cada uma.

Porém, naquela noite, com sua vida destruída, seus professores lhe perseguindo, sua melhor amiga vendo-o como traidor e sua única esperança depositada em um homem que não o via a mais de oito anos, dividir sua atenção tornou-se a única saída que via para manter-se vivo. "Se eu não fizer isso, Eles vão me fazer esquecer, vão me fazer gostar de lá de novo".

Rasalas sempre dizia que a adrenalina era o melhor instrutor.

Então Rigel concentrou-se no que estava fazendo: na sua fuga, nos movimentos dos seus músculos, na atenção que devia ser direcionada ao ambiente para não esbarrar em ninguém, o equilíbrio precário de uma corrida quando se está numa idade onde se começa a tropeçar por qualquer motivo. Concentrou-se em tudo isso, gravou o padrão, e como se fosse um equipamento programado, colocou aquela parte da sua mente para funcionar mecanicamente. Ao mesmo tempo, desfocou a atenção e deixou-se divagar como se estivesse distraído.

Quase imediatamente, sentiu-se assolado por uma grande inspiração criativa, a sensação normal do início de um impulso clarividente. As imagens se sucediam em sua cabeça como um inventor em plena forma, um sonho agitado. Via, ouvia e sentia com sua mente, excitando sua imaginação além dos confins dos olhos e ouvidos físicos.

Ele conhecia a sensação, e pelo tempo que ela demorou a se formar, ainda pensou: "Eu deveria ter treinado mais".

A este pensamento as imagens tremeram, enfraquecendo-se e sua imaginação falhou. Centrou-se novamente enquanto seu corpo corria pela cidade. Agora ele havia entrado em uma ruela secundária, levado puramente pela necessidade de escapar aos olhares de tantas pessoas. Logo, aquela corrente criativa tomou novamente conta da sua cabeça. Observou com impessoalidade as imagens por um tempo, como nuvens passando à frente de sua mente, e quando lhe pareceu que as nuvens, imagens e pensamentos giravam ao seu redor, e que ele estava parado, imóvel no centro de tudo, que todos aqueles pensamentos eram como uma maré revolta enquanto sua consciência era um barquinho de papel, passivo diante da tempestade, neste momento ele voltou a se concentrar:

"Um lugar para me esconder... Por uma hora".

O efeito foi brutal, como estar no olho de um furacão e ser imediatamente arremessado para fora, como estar se equilibrando em uma corda e subitamente cair em um precipício. As imagens o assolaram, sua âncora na realidade física escapou, tropeçou e quase caiu enquanto corria, e em meio à confusão formada, uma imagem gritou mais alto em sua mente, e, como se inventasse aquilo por um ato de criatividade voluntária, viu: Um muro, um vigia dormindo, uma porta aberta. Ele sabia onde deveria ir.

Rigel dobrou a esquina duas vezes, e embora não conhecesse o mapa da cidade e nunca houvesse estado naquele bairro antes, encontrou o muro que imaginava, notando de relance, que a cor era diferente do que havia visto. "Eu deveria ter treinado mais mesmo... Mas também, como eu poderia ter treinado para isso: fugir do pessoal da Fundação?"

A porta estava encostada. Dentro havia uma casa nos estágios finais da construção. Subitamente, imaginou que a arquiteta estava trabalhando até tarde na inspeção da obra, e havia acabado de sair para jantar, e sabia que era isso o que tinha ocorrido.

Entrou. Procurou na casa por um cômodo onde o cheiro de tinta fosse menor, já se esforçando para estabilizar a respiração. Encontrou no segundo andar o que pareceria, no futuro, ser um quarto. E Rigel, no afã de um impulso clarividente, o viu decorado com um papel de parede em tons rosados com estampas de animais e um berço onde hoje havia apenas pó.

"Eu preciso me centrar! Calma!".

Em algum lugar, Vega e Alphard procuravam por ele e logo saberiam onde estava. Precisava ser rápido.

Então, em três longas respirações, Rigel tranqüilizou-se. Afastou-se das imagens próprias, dos pensamentos incontroláveis de uma mente ansiosa e sem treino. Concentrou sua atenção no silêncio, nas grandes profundezas da natureza. Imaginou-se mergulhando no mar cada vez mais fundo, mais silencioso, mais solitário. Sentiu claramente o seu coração baixando o ritmo. Seu cérebro ampliou as sensações físicas até o ponto de saturá-lo de impressões táctatis e sonoras, e além, para logo depois se tornarem um ruído de fundo. Acalmou-se.

Satisfeito com seu estado, pegou de seu bolso um celular e uma foto, e colocando o celular de lado, olhou atentamente à foto.

Havia nela um homem, e debruçada sobre ele, passando pequeninos braços sobre seu pescoço, uma criança. Ao fundo, um parque de diversões podia ser visto. O olhar da criança era do mais puro deleite e Rigel viu-se invejando os dois.

Certo dia, dois anos atrás, Rigel viu na Fundação Cosmos, sua casa, um filme de ação que, como tantos outros que passavam para as crianças, mostrava tiros, explosões, perseguições e atos heróicos. Naquele dia em especial, porém, talvez porque no dia anterior ele tivesse ido tão mal na prova de atletismo, ele não estava particularmente interessado em toda aquela ação e violência, e conseguiu ver, ao fundo do enredo simplista, as cenas em que o protagonista se arriscava para salvar sua família de terroristas. No final, a família unida de novo, passava a viver junta novamente e a esbanjar sorrisos.

Essa impressão ficou com ele. E ele pensou consigo mesmo, e perguntou a um de seus instrutores:

— Antares, por que eles estavam felizes em viver juntos?

— Porque eles estavam em família, Rigel.

E, diante da cara de incompreensão de Rigel, Antares completou:

— É como nós, aqui na Fundação, Rigel. Nós somos uma família. Se alguém dos seus amigos estivesse com problemas, você não gostaria de ir ajudar?

E Rigel entendeu o que Antares disse, e foi além do que o professor imaginou, porque havia uma diferença fundamental entre aquela família do filme e os seus amigos da fundação: no filme, eles estavam rindo muito, e na fundação, os risos eram bem raros. Nesse dia, Rigel entendeu que embora tivesse muitos amigos, não tinha uma família, e não tinha, em essência, por que sorrir.

E isso era algo que ele nunca poderia dizer a seus professores, ou amigos, mesmo que Alphard sentisse que havia algo de estranho nele, porque todo mundo que ele conhecia achava que a Fundação era a melhor coisa que existia, e que as preocupações das pessoas mundanas eram menores do que as deles.

Essa era justamente a essência da foto que ele segurava em sua mão: um prazer mundano.

Concentrou-se no homem da foto, sua face, sua expressão, o sentimento que estava capturado e estendeu sua mente na direção dele, mas não obteve contato.

"Ele é um estranho para mim". Suspirou, não pela primeira vez, pelas experiências perdidas. Pegou o celular do seu lado e discou um número.

Vega suspirou exatamente no mesmo momento em que Rigel, ainda que por outros motivos. Estava tudo indo por água abaixo. Esta noite era uma perda total. Ele já havia danificado um carro da Fundação e não estava nem um pouco mais próximo de encontrar Rigel do que meia hora atrás.

A conversa com os oficiais de polícia que invadiram o local onde o carro de Rigel capotou tomou-lhe um tempo precioso, de que ele não podia dispor. A certa altura, estivera muito próximo de Rigel, quase podia sentir-se agarrando o garoto, mas resolveu atirar nos pneus do carro que ele usava, forçando-o a parar. O carro de Rigel derrapou, rodopiou e por fim capotou em plena avenida, causando uma avalanche de batidas atrás deles, e a onda de susto e raiva lhe atingiu como uma maré revolta.

Havia parado o seu carro logo à frente ao que Rigel usara, invertido de rodas para cima depois da capotagem. Quem lhe ensinou a dirigir, pensou? Mas logo se lembrou que o garoto recordava-se perfeitamente de tudo o que via. Bastava ter observado alguém dirigindo uma vez para repetir o feito. Viu Rigel sair debaixo do carro, e por um instante, quando os olhares dos dois se tocaram, sentiu a vitória próxima. No instante seguinte, porém, depois de passar os olhos brevemente por Alphard ao seu lado, Rigel correu para a beira do viaduto onde estava, e saltou.

"Maldito telecinético!" Rigel pulou do viaduto e levitou para o chão, pousando são e salvo na avenida abaixo. O próprio Vega, que, não tendo nenhuma capacidade telecinética era incapaz de replicar o feito, não pôde segui-lo. Ficou condenado a ver pela mureta do viaduto Rigel sair correndo e continuar sua fuga a pé pela cidade. Mesmo que pudesse ir atrás dele, não poderia se afastar muito de Alphard. A garota estava tão assustada quanto Rigel, e por um momento, teve pena de ver o seu melhor aluno fugindo dele, jogando na sua cara os crimes cometidos em nome de uma vida que estava pondo a perder.

Havia se posto a correr atrás de Rigel, mas naquele momento chegavam os policiais, colocando ordem na confusão. Vega conversou com um deles por um tempo demasiadamente longo, cinco minutos, até obter a sintonia necessária para instilar confiança na mente daquele mundano e conseguir que ele o liberasse da cena do acidente. Alphard, ao seu lado, sentiu sua ação, e a reforçava com sua própria concentração.

"Ela foi bem treinada." Estava orgulhoso da menina, mas cada minuto contava, e quando eles se viram livres das autoridades mundanas, Rigel não estava mais à vista. Agora, Vega andava o mais rápido que podia com Alphard pelas ruas da cidade. A garota tinha em mãos o cartão que Rigel usava na Fundação e que estava carregado com as impressões emocionais dele. Alphard usava-o para saber em qual direção seguir através de impulsos clarividentes, mas o progresso era lento. Cada vez que tinham de parar para uma nova orientação, a menina precisava de mais alguns minutos para se centrar e entrar no relaxamento necessário para localizar o amigo.

Havia uma parte sua, e não era pequena, que se exaltava com tudo aquilo. Fazia oito anos que Vega não saía em uma missão de campo e o exercício, a tensão de uma boa perseguição, a adrenalina, tudo naquela noite lhe gritava vida. Vega sempre se mantivera em forma, mesmo que suas capacidades estivessem entre as menores da Fundação. Em seu coração, ele gostava da ação incerta e da tensão da caçada.

"Se apenas a noite lhe fosse mais propícia, tudo seria perfeito. Mas... Não se pode ter tudo na vida".

Havia perdido um carro da Fundação e seria inútil tentar recuperá-lo uma vez que as autoridades policiais o marcaram. Essa perda, contudo, era infinitamente menor que a de Rigel, que além de desperdiçar os milhões gastos em seu treinamento, irritava Vega com a simplicidade da sua fuga. "Ele nos traiu... Ele escolheu viver entre os mundanos. Ele não nos quer mais".

Como ele, Vega, foi cego o bastante a ponto de não ver os sinais que a criança havia emitido nos últimos anos? "Deus, eu gostava do menino, como ele pôde fazer isso?", e Vega se remoia de culpa, remoso e desilusão.

"Vega, se todo mundo nasce de um homem e de uma mulher, onde estão as pessoas de quem eu nasci?", Rigel havia lhe perguntado um ano antes.

"Vega, por que nos filmes as pessoas gostam tanto dos seus filhos?", indagou há pouco menos de seis meses.

"Vega, de quem você nasceu?", buscou saber há apenas um mês atrás.

E enfim, a pista final, óbvia, que ninguém pôde ver por estar cego demais na confiança que o garoto demonstrava na Fundação:" Vega, meu pai sabe que eu estou vivo?".

Todas as crianças perguntam isso uma hora ou outra, ele se lembrou. Os questionamentos de Rigel não eram tão diferentes do que os de Lesath, Astérope e Polaris quando eles tinham a sua idade.

E Sirius, pensou, Sirius também tinha feito as mesmas perguntas.

Sirius, seu amigo, seu irmão, o primeiro traidor. Ele achava que havia trancado a lembrança e se esquecido dele, ele achava que havia ignorado o que ele significava, mas Rigel abriu as portas das suas defesas, e Sirius voltava inevitavelmente à sua memória, revivendo dolorosamente aquela amizade rompida.

Novamente, como tantas vezes antes, Vega forçou a memória ao subconsciente e se concentrou no agora. Alphard havia parado e estava passando a mão sobre o cartão de Rigel, concentrando-se na sua localização.

— Uma sala... – dizia com a voz lânguida, as palavras vinham uma a uma em longas pausas, como se ela falasse dormindo, perdida em uma concentração clarividente no meio do caos urbano da capital.

— Paredes brancas... A casa está em construção... Ele está sentado... Está concentrado... Tranquilo...

Vega estava ajoelhado à sua frente e a ouvia atentamente, concentrado em meio ao barulho infernal da cidade e quase caiu para trás no momento seguinte. Alphard foi ao chão. Suas pequenas mãos esmagavam o cartão de Rigel, enquanto a menina soltava um grito agudo e pungente. Havia uma dor íntima, uma declaração de desespero profunda, forte demais para a tímida criança.

Vega ficou pasmo por alguns instantes. Segundos após, recomposto, amparou Alphard e meteu-se com ela por uma ruela, correndo para longe dos olhares curiosos das pessoas e autoridades eventuais. "Meu Deus, o que aconteceu? Em um momento ela estava captando as imagens de Rigel, e no outro... Um choque desta força..."

Em sua cabeça, tentava incontrolavelmente explicar a reação de Alphard. Quanto mais analisava a situação, porém, chegava a apenas uma comclusão. Só havia uma coisa que pudesse fazer com que um clarividente, em contato mental íntimo com outra pessoa, entrasse em um choque tão grande:

Rigel morreu.

Nada mais poderia justificar uma reação tão forte em Alphard. A ligação entre eles era grande e a menina tinha passado as últimas horas pensando em Rigel, concentrando-se nele... Certamente esse era o único acontecimento que poderia explicar o horror que ele viu estampado na face da garota, seguido do seu desmaio.

"Mas se Rigel tivesse morrido, eu também deveria ter sentido... Não, não necessariamente...". Vega sabia que estava agitado e aflito. Era bem possível que não tivesse percebido a morte do garoto devido ao estado em que se encontrava. Era preciso uma forte ligação, e um bom relaxamento, para perceber o momento em que alguém morre.

Encontrou um parque e colocou Alphard para descansar em seu colo, ansioso também por uma pausa na perseguição. Respirou fundo. No meio da noite, com o isolamento da escuridão, não prestou atenção aos tipos mal-encarados que os observavam.

Vega suspirou frustrado. "Se Rigel morreu, só pode ser porque ele tirou a própria vida", e essa idéia lhe enchia de tristeza e de uma sensação de impotência à qual ele não conseguia suportar.

Por fim, minutos depois, Vega pegou seu celular e ligou para Rasalas.

Um toque foi o necessário:

— Vega? – perguntou Rasalas, sua voz naturalmente cansada ficava cadavérica com a preocupação. Vega sentiu sua ansiedade.

— Rasalas...

— Encontrou Rigel? – ele o interrompeu.

— Mais ou menos... Rasalas... Eu acho que Rigel tirou a própria vida...

Houve silêncio. Instantes depois, Vega concluía:

— Eu liguei para obter confirmação.

Outra pausa se fez.

— Entendo – respondeu uma voz estrangulada. Vega desejou imediatamente estar lá para poder amparar seu chefe e mentor. — Eu não senti nada, mas vou falar com Sulafat... Não saia da linha...

Vega esperou o que parecia dias, anos, séculos... "Antes eu tirar a própria vida a ter deixado que Rigel morresse... Deus, por que ele fez isso?"

Por fim, veio sua resposta.

— Vega?

O alívio, palpável naquela voz, tranqüilizou Vega imediatamente:

— Confirmação negativa – terminou Rasalas. — Eu falei com Sulafat e Antares, nenhum deles sentiu nada.

Vega permitiu-se um momento de quietude enquanto se acalmava. Instantes depois, porém, voltou à preocupação inicial.

— Onde você está? – perguntou Rasalas.

— Em um parque. Rigel saiu do carro. Estou procurando por ele através de Alphard.

— E ela?

— Ela estava em contato com Rigel e desmaiou... Algo aconteceu, Rasalas, não sei o que foi.

Mas na mente de ambos, a mesma idéia aterradora pairava, e subliminarmente, eles sabiam o que havia acontecido. A única outra explicação possível.

"Sirius...", pensaram.

— Procure por Rigel e volte pra casa Vega.

— Sim, senhor – respondeu Vega automaticamente. Notou, porém, que Rasalas disse "Procure por ele" e não "Encontre-o".

Vega ficou calado por alguns momentos. Tocou levemente na cabeça de Alphard, apalpando com sua mente as fronteiras da inconsciência, ouvindo os sussurros do sonho que ela experimentava e transferindo à menina, a segurança nascida da experiência que ele possuía, ajudando-a a querer acordar.

— Ei, moço... Tem um trocado?

Era uma voz rústica, com o peso da pobreza e miséria por trás. Vega sentia três intenções criminosas e duas assassinas pairando no ar. Ergueu o olhar e parou de tocar em Alphard, interrompendo o contato imediatamente.

Havia três homens próximos. Todos estavam tão atentos a ele, que lhe foi fácil usar a própria energia deles para estabelecer um contato breve com suas mentes. Deixou-se inundar pelas imagens imundas que acompanham um espírito imundo. Vega teve o súbito desejo de esmagar suas consciências. Conteve-se. Afinal, não podia deixar sua própria raiva interferir na missão. Enviou-lhes um pequeno pulso, uma ordem simples, e fez com que os três caíssem no chão dormindo por pelo menos um dia inteiro.

Levou a mão esquerda à testa e respirou profundamente. Parou um instante para se recompor. Por mais que treinasse, suas capacidades nunca foram das maiores. Este esforço mental seria mínimo até para Alphard, e mesmo assim lhe consumiu quase todas as energias. Sentia um leve latejar no fundo do lado esquerdo de sua cabeça, o princípio de uma enxaqueca. Quando conseguiu relaxar o bastante para afastar o estresse da sua mente, Alphard estava acordando.

— Você está bem? – perguntou.

Ela apenas fez que sim em silêncio, mas havia tristeza e medo em seus olhos.

— Você pode encontrá-lo novamente, Alphard?

Alphard não se mexeu. Eles estavam tão próximos que Vega sentiu sua consciência retrair-se intimidada. Vega transmitiu-lhe o máximo de amparo que podia, e disse:

— Tudo bem, Alphard, não tem problema. Se você não puder, nós voltamos para casa...

Alphard olhou para o céu vazio e sem estrelas da cidade, por um tempo demasiadamente longo e reflexivo para uma criança de onze anos. Por fim resolveu:

— Eu vou tentar...

Vega sorriu e entregou-lhe o cartão de Rigel. Imediatamente, o treinamento de Alphard entrou em ação, e ela profissionalmente afastou a ansiedade e concentrou-se no seu grande amigo, no seu irmão... Rigel...

"Onde está você, Rigel... Rigel..."

Segundos passavam. Minutos se arrastavam. Vega começou a ficar preocupado. Cada minuto novo era uma nova pontada de tensão que prendia sua alma. Por fim, Alphard abriu os olhos sem ter dito uma palavra e o olhou com a mais franca expressão de susto que ele já vira naquele rosto.

— Ele não está... Ele não está – ela dizia.

E quando Vega tentou consolá-la, abraçando-a e fazendo fluir para sua mente o máximo de calma que podia conjurar no momento, ele ouviu-a dizer com o rosto escondido em seu peito:

— Desculpe-me, Vega... Eu não consegui encontrá-lo... Ele não está em lugar nenhum...

— Tudo bem, Alphard, tudo bem, querida... Está tudo bem...

Mas não estava tudo bem. Agora não havia mais dúvidas...

Era o evento Sirius de novo. E chegava com toda a sua força.

Capítulo II

O Retorno de Alan

Toda aquela semana foi ruim para Lúcio Costa.

— Não existe respeito pelos aposentados neste país! – repetiu pela décima vez a si mesmo.

As confusões com a previdência tinham-lhe feito ir e vir exaustivamente de cartório a cartório pelos últimos dez dias. Havia procurado por documentos que ele nem sabia se existiam, passou por sessões intermináveis de xerox autenticadas, além de reconhecimentos de firma e terceiras, quartas e quintas vias assinadas e protocoladas...

"Não há mais democracia... O governo hoje é o governo burocrático, não democrático".

Naquela sexta-feira, depois de conseguir enviar tudo o que precisava até a última assinatura às autoridades "competentes", um adjetivo que ele estava revendo com muita cautela, Lúcio estava exausto. Acordou às seis da tarde, após uma chuva torrencial que deixou as ruas molhadas e o trânsito caótico, e ouvia pelo rádio as notícias sobre um acidente em uma das vias mais movimentadas da cidade, envolvendo mais de dez carros.

Olhou-se no espelho, e pela primeira vez achou que parecia mais velho do que cinqüenta e quatro anos. "Estou cansado". Os olhos tinham olheiras profundas. O cabelo desgrenhado lutava bravamente para manter-se no topo da cabeça, embora essa já fosse uma batalha perdida. Começou a fazer a barba lentamente, pelo único motivo de achar que ficava mais jovem sem barba. Não tinha compromissos para o fim de semana e já havia assistido a todos os filmes em cartaz.

Enquanto preparava um risoto, pensou de relance no seu desleixo em acordar no horário em que acordou. "Seu estivesse na ativa, isso nunca teria acontecido". Novamente suspirou aliviado: ele não estava mais na ativa.

"Dizem que a aposentadoria é a principal causa de morte depois de certa idade". Agora ele sabia da verdade: "O que mata é o governo. Toda a burocracia dos órgãos da previdência foi meticulosamente criada para exaurir as minhas forças, para me levar mais cedo para a cova".

Enquanto comia, assistia a um jornal alemão que passava na TV a cabo. Esse era um ritual particular que ele havia se imposto desde que parou de trabalhar, parte do seu plano mirabolante para aprender duas línguas novas por ano. Até o momento, sabia um pouco de inglês e "arranhava" o alemão.

Seus olhos pararam por um tempo ligeiramente mais longo que o normal na cômoda ao lado, mirando a antiga foto de sua esposa e filho, e naquele começo de noite, sem saber muito bem porque, ele pensou em como teria sido a sua vida se eles ainda estivessem vivos.

Se sua família estivesse viva, ele provavelmente já teria conhecido o mundo todo. Laura, sua esposa, era uma terapeuta holística que se especializou em massagem shiatsu e do-in. Ela tinha sempre mil idéias loucas sobre roteiros turísticos pelo Tibet, caminho de Santiago, Stonehenge, e, é claro, a parada obrigatória de todo bom esotérico que se preze: o Egito.

Pegou-se sorrindo, "Laura...", pensou, "bons momentos nós tivemos". Ainda se recordava de sua lua-de-mel no Iucatã. Laura estava louca para conhecer todas as pirâmides Maias, mas choveu torrencialmente todos os doze dias de viagem. O que não impediu que eles fossem mesmo assim, e tirassem fotos no meio da chuva pesada, perdendo com isso quatro máquinas fotográficas e comprando um conjunto de roupas novas por dia.

E Alan, que veio dois anos depois. Ficou com ele por três... Era um flash na sua vida, um segundo que ele passou com seu filho, e ainda assim, até hoje, quase nove anos depois, havia profunda tristeza ao lembrar-se daquela criança marota, daquela promessa não cumprida, daquele sorriso que nunca conheceria a vida.

Lúcio não soube o porquê, naquela noite, se colocou a pensar nisso depois de tanto tempo. O fez com impessoalidade e distância: não era seu costume ficar remoendo o passado ou se apegar ao que é, em última análise, imutável. Anos depois, porém, quando olhasse novamente para aquela noite, ele perceberia que era simplesmente um talento inconsciente para a presciência que o estava avisando o que iria ocorrer.

"Vou ligar para a Amanda. Vou convidá-la para assistir um filme qualquer que esteja em cartaz. Ela gosta de assistir um filme com a menor carga psicológica possível depois de uma semana de trabalho, e hoje em dia tem poucos filmes inteligentes". Mas logo abandonou a idéia. Se ele ligasse para Amanda, teria que entrar mais uma vez no mérito da discussão sobre o seu relacionamento. E coisas como o casamento que nunca ocorreu, a personalidade inflexível dele com a carência afetiva dela, a falta de ambições materiais dele com o requinte dos prazeres dela, tudo isso colidiria de novo.

"Eu preciso sair mais... Vou ver se um dos caras da delegacia vai dar uma passada no bar amanhã."

A essas alturas, o prato estava lavado, o telejornal havia terminado e Lúcio estava sentado confortavelmente em um sofá novo, folheando a revista de programação da televisão e vendo o que poderia ocupar sua atenção naquela noite. Queria evitar a todo custo mais uma passada incansável no léxico alemão e nos exercícios do capítulo 12 da apostila.

Foi quanto o telefone tocou.

Lúcio levantou-se devagar e foi ao telefone. Ele nunca teria sonhado com o que ouviria naquela ligação. Esperava que fosse algum amigo lhe convidando para um programa, mas havia algo no jeito do telefone tocar, na pausa entre os toques, no cheiro daquela noite, que o deixou inconscientemente apreensivo.

Quando tirou o fone do gancho e o levou ao ouvido, escutou uma respiração leve ao lado. Abaixo do telefone, o identificador de chamadas de que dispunha mostrava um número de celular.

Por fim, uma voz suave e infantil falou:

— Pai...

Gelou. Por um instante não soube o que responder.

— Sinto muito, mas foi engano – falou por fim, e nove anos de investigador de polícia entravam em ação conforme ele se colocava à parte dos seus sentimentos.

Houve uma pausa... Aquela respiração continuava. Lúcio pensou em desligar. Por um motivo ou outro, movido pela curiosidade e por uma esperança impossível, não o fez. Ouviu:

— Lúcio Costa.

Era uma criança falando, não tinha dúvida. Lúcio sentiu que seu lábio tremia levemente. Ele, que já havia atirado em traficantes, visto incontáveis cadáveres, sofrido três intervenções cirúrgicas depois de ser baleado no cumprimento do dever. O grande investigador de polícia, com uma carreira exemplar. E estava morto de medo.

— Sim? – respondeu.

— Pai...

"Meu Deus, não é possível!", foi só o que pensou. Lúcio sentiu uma sensação inteiramente nova, e de certa forma, confortante. A sensação de estar tão pasmo e chocado, tão tomado de surpresa que não conseguia sequer formar qualquer pensamento em sua mente. Era a paz perfeita, atingida por um choque como ele jamais pensou que sofreria.

E foi por isso, por causa daquele estado de receptividade total, que ele ouviu as próximas palavras com máxima atenção:

— Eu estarei no Shopping Caramaggio em uma hora e meia, em frente à praça principal.

Isso trouxe Lúcio de volta à realidade. Pensamentos se formaram novamente em seu cérebro. Ele viu o lugar e como chegar até lá, e rapidamente, agarrando o momento, perguntou:

— Mas quem é você?

E o telefone desligou.

Lúcio imediatamente retornou a ligação, teclando freneticamente o número de telefone que havia acabado de lhe ligar, mas ouviu a mensagem da operadora:

— Este número de telefone não está disponível no momento, tente mais tarde.

E Lúcio ficou parado, atônito por um bom tempo.

Lentamente, sua mão escorregou de volta ao aparelho e o colocou no gancho.

Pensou que talvez devesse falar com alguém. Mas com quem falaria? E o que diria? "Meu filho me ligou do além?" Mas e se isso fosse uma armação? Mas de quem? Ele tinha amigos cujas brincadeiras passavam dos limites, mas nunca assim! Nunca neste grau!

Sentou-se na cadeira mais próxima, a mesma que havia usado para jantar logo antes, e parou um tempo para recompor os pensamentos. A voz era, com certeza, a de uma criança. Um menino, provavelmente, mas era difícil saber ao telefone. Não poderia ser o seu filho. Certamente não era o seu filho. Mais uma vez, depois de anos e anos, ele se recordou do dia em que sua esposa e filho faleceram, e a memória lhe atingiu com tamanha vivacidade como se tivesse ocorrido semana passada.

Ele estava na delegacia. A semana tinha sido calma, e houveram poucos chamados a serem atendidos. Aguardava o resultado do concurso que prestou para investigador da corregedoria, que deveria ter sido publicado no site da Polícia Federal naquela manhã, mas por motivos burocráticos (sempre a burocracia), provavelmente só seria divulgado dali a um mês.

Laura havia saído para visitar sua mãe que morava no interior e levava Alan consigo. Eles voltariam naquele dia. Lúcio já sentia saudades dela, a casa havia ficado insuportavelmente vazia na noite anterior.

Naquela ocasião, também, a notícia chegou a ele por telefone.

Quem ligou foi o doutor Marcos Paulo França da Santa Casa de Argaritinga, uma cidade próxima.

Havia ocorrido um acidente. Um motorista embriagado que dirigia em alta velocidade bateu no carro que Laura pilotava, fazendo-o derrapar sobre a pista. O veículo capotou por sobre o acostamento, passou por cima da cerca de segurança, torcendo-a inteiramente, e caiu girando morro abaixo, até bater em uma árvore.

Provavelmente Laura e Alan fossem salvos a tempo se o motor não houvesse sido perfurado, e as faíscas atingido a gasolina que vazava. Laura, presa dentro do carro e ferida, não conseguiu sair a tempo, não pôde ao menos abrir a janela do carro antes que o tanque explodisse instantes depois. Ela e Alan foram queimados vivos.

Lúcio foi fazer a identificação dos corpos. O corpo de Laura estava completamente carbonizado, mas aqui e ali, via-se que era sua esposa. Alan, porém, estava irreconhecível.

"Alan estava irreconhecível."

Recordou-se perfeitamente, nove anos depois, da noite em que foi identificar o corpo do seu filho. Não havia como dizer quem era aquela criança. Tomado de dor como estava, Lúcio jamais pensou em questionar esse fato. Direcionou seus esforços em uma ira quase irracional para pegar o desgraçado que havia destruído sua vida. Dias mais tarde, o motorista responsável foi pego, preso, julgado e condenado. A última notícia que Lúcio tinha, era de que ele havia morrido na prisão, seis anos atrás.

E isso havia definitivamente encerrado o assunto para ele. Lúcio foi em frente, lutou consigo mesmo, superou a tristeza, e de certa forma, até esqueceu a tragédia. Teve outras mulheres, amantes, namoradas, casos e por fim Amanda, porém nunca mais se casou.

Mas agora voltava à tona o fato irremediável e esquecido: o corpo de seu filho nunca foi identificado.

"Seria possível? Como? Quem?"

E Lúcio decidiu então que precisava saber, e precisava saber sozinho. Usando o máximo de sua fleuma profissional, colocou uma roupa melhor, pegou o carro e saiu de sua casa de dois andares no bairro residencial de Dois Morros, em direção ao Shopping Caramaggio. Chegaria um pouco antes do combinado, mas queria pensar um pouco mais. Precisava do tempo para se acalmar e lidar com a situação com objetividade, quando ela viesse.

Ele abriu os olhos calma e lentamente, saindo de um longo sono, como se os abrisse pela primeira vez. Naquele instante, não imaginava que, de certa forma, era realmente a primeira vez que abria os olhos.

Percebeu seu corpo acordando mais devagar do que a sua consciência. Sentiu seus membros voltarem, um a um, conforme saía de um estado de anestesia.

Ele estava cansado e com fome, mas isso não lhe preocupava no momento. Na verdade, nada lhe preocupava naqueles primeiros momentos do seu despertar. Estava em um total estado de paz, e nunca mais o sentiria em sua vida.

Notou com impessoalidade absoluta que a sala estava simples demais. Não havia quase nada na sala que ele pudesse ver além de si mesmo, mas não estranhou o fato.

Tentou recordar-se de como havia chegado lá. Mas notou, já com certo grau de tensão, que não se lembrava. Isso disparou um grande alarme no fundo da sua consciência, algo essencial, como se o próprio fato dele não se lembrar de algo fosse impossível.

E então, com máximo horror e com um medo irracional, percebeu que não sabia nem ao menos quem era.

Ele não sabia onde estava, não sabia quem era, não se lembrava de nada que havia ocorrido em sua vida até aquele momento. Ele estava no escuro, sozinho, sentindo-se como um grão de areia prestes a ser dissolvido no oceano; como um grito em meio a montanhas imensas, ecoando sem esperanças pelo silêncio.

A força deste desespero fez com que ele se sentasse. Sentiu os músculos de sua face contraírem-se, e um soluço lutou contra a garganta para sair, tendo como resultado um som estrangulado de dor. No mesmo instante, soube que aquela sensação lhe era má e que podia controlá-la.

Segurou seu pavor, e com uma percepção aguçada demais para ser natural, descobriu: "Eu sei falar!", percebeu que conseguia formar palavras em sua mente, que entendia significados, e isso por si só lhe aliviou: "Alguma coisa eu sei". E para uma mesma coisa, ele sabia vários nomes. Olhou para o lado e pensou, "parede, wall, pared, parete, mur...". Conseguia pensar de diversas formas, e por algum motivo, sabia que algumas palavras pertenciam a um grupo e somente deveriam ser usadas juntas; e outras palavras pertenciam a outro grupo.

No canto da sala havia um aparelho quebrado. Sabia o que era, "um telefone celular. Eu sei o que são as coisas... mas não sei nada sobre mim...". Isso lhe pareceu estranhíssimo, tão estranho quanto não se lembrar de nada, mas também dissipou seu medo. Agora estava em um território no qual sabia andar, mesmo que não soubesse como aprendeu a andar por ele.

O telefone estava queimado. Estava explodido por dentro. Parecia que uma bombinha tinha sido detonada nos seus circuitos. Seus pedaços menores decoravam a sala. Ao toque, ele ainda estava levemente quente.

Sem mesmo saber o que fazia, respirou devagar forçando um relaxamento. Sabia, por instinto, que somente com o pensamento fluindo de forma livre, ele poderia entender o que estava acontecendo.

Foi então que percebeu bem ao lado de onde havia acordado, um pedaço de papel. Era uma foto. Um homem e uma criança. Olhou-a com indiferença. No verso, estava escrito com uma caneta azul diante do fundo branco:

Seu pai. Shopping Caramaggio, praça central, nove da noite.

Olhou um longo tempo para aquilo. "Meu pai", pensou e por algum motivo que o deixou levemente triste, ele sabia o significado da palavra, mas ela não lhe trazia qualquer espécie de conforto. O seu lado racional logo entrou em ação, e então raciocinou: "se ele é meu pai, deve saber quem sou".

Olhou ao redor. Sala vazia, paredes recém-pintadas. "Esta casa é incompleta, como eu sou incompleto..." Mas havia algo além da casa, além do que ele podia ver e ouvir, que lhe chamava. Além da fronteira dos seus sentidos físicos, ele podia ouvir o silêncio sem os ouvidos e ver o invisível sem os olhos: sussurros e chamados de um mundo inteiro. E este chamado lhe seduzia. Com a maior naturalidade, ele acalmou ainda mais sua mente e tentou reverter ao estado de silêncio no qual havia estado minutos atrás, quando acordou. Chamou o silêncio a si, expulsou de sua mente qualquer pensamento intruso, estendeu os sons que ouvia para além dos que escutava, e as imagens que via para além das que enxergava. Depois de poucos minutos, sentiu-se desprender subitamente do comum. Mergulhou em uma calma tão grande, uma passividade tão dominadora, que perto do estado atual, todos os seus pensamentos e tentativas anteriores pareciam como gestos rápidos em uma vida ansiosa.

"É assim que deve ser...", não pensou propriamente nestas palavras, mas elas lhe vieram, e ele sabia. Ficou mergulhado no oceano da tranqüilidade por um tempo além do tempo, no qual todos os momentos da Terra passam em um piscar de olhos. Era como encontrar uma posição tão confortável, que perto dela todas as outras eram formas desajeitadas de sentar e de deitar. Era uma posição que apenas com a mente ele poderia alcançar.

Sem aviso ou pedido, mas também sem surpresa, seu estado mudou, ele sentiu aquela profundidade toda tremer, e viu, à sua frente, a face de duas pessoas. Tão nitidamente como se fosse uma forte imaginação, o que, para ele, era como dizer: mais nítido do que a visão real.

Um era um homem alto com cabelos negros pontuados de branco. Tinha olhos profundos, também negros, que transmitiam uma certa suavidade equilibrada com firmeza, como uma maré: constante e infalível. Seu nariz era curto, quase achatado, mas caía bem em seu rosto diminuto, e seu queixo tinha linhas finas. Era magro e muito bem construído, com um corpo que, sem ser excessivamente musculoso, era bem definido e forte. Deu a sensação de ser um gato, um felino: alguém que espreita e age com esperteza, mas também com capricho.

A segunda pessoa era uma menina. Alcançava pouco mais que a cintura do homem, mas dava-lhe a sensação de uma profundidade muito maior. Se o homem era uma janela para o céu, a menina era o brilho de uma estrela. Era loira, com cabelos longos e cacheados, tinha olhos negros amendoados, as sobrancelhas e cílios naturalmente delineados. Era uma boneca, mas feita de aço. Doce, suave, tranquila de se olhar, mas eterna como o céu, intocável como as nuvens.

Ele decidiu imediatamente que gostava da menina e não gostava do homem, mas algo chamava a sua atenção naquela cena, e ele soube, acima de qualquer dúvida, que estas pessoas estavam lhe procurando e não iriam parar enquanto não o encontrassem.

Uma pequena parte de sua mente consciente se desanimou com essa idéia porque sabia que não poderia ficar e conversar com eles. Soube disso como quem sabe que comer é bom e dormir descansa. Bateu o pó de suas roupas, mas não conseguiu livrar-se dele todo. Desceu ao primeiro andar da casa, saiu pelo jardim e tomou a rua. Havia à frente da casa um vigia adormecido, e ele soube ao sair, que o vigia seria demitido naquela mesma noite.

Andou um pouco e viu um táxi parado em uma esquina. Bateu no vidro, e de dentro, o taxista perguntou:

— Você tem dinheiro, garoto?

Colocou a mão no bolso e percebeu que tinha algumas notas. Retirou uma com o número "50" e mostrou-a ao taxista. Sua reação foi imediata. Abriu a porta e ligou o taxímetro, perguntando profissionalmente:

— Para onde?

— Shopping Caramaggio – disse, e ouviu pela primeira vez o som da própria voz. Pareceu-lhe estranha e mais frágil do que como ele se sentia, mas foi sacudido de suas divagações pelo movimento do táxi, e por um tempo, ficou observando atentamente as vistas da cidade passarem.

Quando Vega encontrou a casa em construção, Alphard lhe disse que aquele era o lugar. Havia um muro pela metade e um vigia na frente. Vega se aproximou e o vigia lhe direcionou um leve olhar de inquérito. "Lá se vão mais alguns preciosos minutos". Começou a fazer perguntas inocentes ao vigia: onde fica isto, para que lado é aquilo, qual a melhor maneira de chegar em tal lugar, de modo que, a cada resposta, encontrava gancho para mais uma, estimulando o vigia a falar.

Conforme ele falava, Vega sentia-o. Enquanto ele expunha suas idéias e sugestões percebia sua personalidade, suas intenções e suas preocupações, com mais nitidez. A certa altura, encontrou na mente dele a chave que procurava: quais imagens evocavam nele o sono. Concentrou-se ele mesmo naquelas imagens, e porque eles estavam em sintonia, "conectados", como ele dizia, o vigia caiu dormindo ali mesmo.

Ele poderia ter colocado o vigia para dormir muito antes, como havia feito com aqueles criminosos, mas o cansaço seria imenso, e esses poucos minutos, incômodos que foram, o pouparam dos muitos outros que ele precisaria para recuperar suas forças.

Vega não direcionou ao vigia nem mais um olhar de interesse e entrou na casa, seguido por Alphard.

— Não é a primeira vez que ele dorme hoje – comentou a menina.

Procuraram pela casa por indícios de Rigel, mas ela estava desprovida de qualquer objeto, salvo os habituais materiais de construção e acabamento. Após alguns minutos, porém, no segundo andar, encontraram em uma sala os restos de um telefone celular. Vega pegou o telefone e logo percebeu a marca da fundação gravada na parte de trás, e o telefone dava mostras claras de ter sido alvo de uma explosão pirocinética: Rigel o havia esquentado muito rapidamente e forçado as peças mais internas a racharem, projetando-se para fora. A marca de fogo era óbvia.

— Esperto... – disse em voz alta. — Ele usou o fogo... O fogo queimou as impressões que ele deixou no celular.

Voltou-se a Alphard, a menina olhava a sala curiosamente, mas desprovida de interesse pessoal, como um acadêmico analisa uma fórmula matemática. Sentindo seu olhar, Alphard virou-se a ele:

— Professor Vega, por que Rigel fez isso?

Era uma pergunta franca, e ela mais do que ninguém merecia uma resposta sincera. Mas não era hora ainda, não antes dele conversar sobre tudo isso com Rasalas. Vega observou-a por um instante, dando-se subitamente conta do grau de profundidade das percepções da garota.

— Alphard, eu ainda não sei como responder direito a essa pergunta, mas prometo que vou. Por enquanto, precisamos nos concentrar em encontrar Rigel, tudo bem?

— Tá bom... – disse ela relutante, e completou – Mas como vamos fazer isso? Quero dizer, eu não consigo mais sentir ele. Eu não sei o que ele fez. Você me disse que ele ainda está vivo, mas se ele estivesse, eu poderia senti-lo. Mas eu não sinto nada, ele sumiu para mim... Como ele fez isso?

Vega não respondeu. Entendeu que a pergunta de Alphard era, na verdade, puramente retórica. No entanto, disse-lhe:

— Alphard, tente ver se ele esteve nesta sala.

Alphard sentou-se no chão com as pernas cruzadas e a coluna reta, uma postura que lhe era extremamente confortável, e pôs-se a sentir a sala no mesmo instante. Após dois minutos ela abriu um largo sorriso e mesmo concentrada, disse com a voz entre distante, lânguida, e animada:

— Ele esteve aqui...

— O que você está vendo, Alphard?

— Eu... Eu... – silêncio. Um tempo se passou. Vega esperava com ansiedade. "Ela é boa... muito boa. Talvez seja boa o bastante para localizá-lo... Talvez possa até mesmo localizar Sirius..." Mas por fim, Alphard abriu os olhos:

— Eu não estou vendo nada... Eu sinto que ele esteve aqui... Mas não consigo vê-lo... – revelou imensamente desapontada consigo mesma. Seu tom de voz tremeu entre a culpa de não tê-lo encontrado e o remorso de não ter impedido sua fuga.

Vega ajoelhou-se na sua frente e lhe disse:

— Muito bem, Alphard! Era muito difícil fazer o que você fez hoje à noite, sabia? Você fez muito bem, e treinou muito bem também!

Alphard respondeu com um sorriso tímido, desconsolado.

Vega entendeu o que aconteceu. Rigel, tendo estado aqui, e sendo um paranormal treinado e excepcionalmente poderoso, havia deixado uma impressão forte demais no lugar. Depois de destruir suas próprias memórias, ao acordar, a impressão que ele deixara na sala era tão fraca que, perto da anterior, era inexistente. Não havia clarividente forte o bastante no planeta, ele achou, para saber o que Rigel havia feito nesta sala.

"Embora Lesath, talvez pudesse... Se não estivesse em missão na França".

Vega deu-se por derrotado. Aquele era, efetivamente, o fim da linha para eles por aquela noite.

Alphard, sentindo um pouco da compreensão e frustração de Vega, franziu a testa levemente e disse:

— E agora, professor Vega?

Vega agachou-se até olhá-la nos olhos e disse:

— Agora, Alphard, bom, agora nós precisamos voltar para casa.

E, dizendo isso, ergueu-se e ofereceu a mão a ela. Alphard tomou-a docemente e eles se puseram a caminho de casa. Andavam calmamente, falaram pouco e com tranqüilidade no caminho, mas o peso da falha estava sobre as costas de ambos. Naquela noite, eles haviam deixado um grande irmão fugir de casa, e mais do que a auto-repressão que eles mesmos se impunham, doía-lhes saber que Rigel não estaria no salão de jogos quando voltassem, não ririam mais de suas piadas e não faria mais a cara de prazer que só ele fazia quando tomava sorvete de creme.

Capítulo III

O Reencontro de Lúcio

Lúcio, que não dirigia há um tempo, havia se desacostumado com o trânsito da cidade, e calculou mal o tempo de estacionar o carro em um shopping numa sexta-feira. Com o congestionamento que pegou, mais o tempo de estacionar, acabou chegando no local combinado em cima da hora.

A praça principal do shopping ficava no piso inferior e era aberta até o quinto andar, com vista para todos os outros, de onde as pessoas dos andares superiores podiam observá-la de uma sacada circular.

No alto do shopping, uma grande abóbada circular deixava a luz entrar durante o dia. Dela se estendia um imenso candelabro com dezenas de níveis que iluminava a praça à noite. Na praça em si, em meio a fontes artísticas, estava uma exposição de esculturas de um artista local.

Lúcio sentou-se em um banco e pôs-se a esperar. Achava-se uma das únicas pessoas pontuais naquela cidade. Sempre que tinha um encontro marcado, imaginava que estaria entre os primeiros a chegar, e passaria um bom tempo a esperar os outros. O grande problema, porém, é que ele não tinha a menor idéia de com quem iria se encontrar. Agora, depois de uma hora de reflexão, tinha certeza que se tratava de um trote, embora não conseguisse por que alguém iria querer lhe pregar uma peça dessas. Imaginou-se, talvez, sendo filmado por um programa de trotes como os que passam aos domingos, mas logo descartou a idéia: nem mesmo estes programas tinham ainda chegado a uma apelação tão baixa.

Se o seu filho estivesse vivo, completaria doze anos em um mês. Lúcio lembrou-se novamente das suas feições e sabia que Alan tinha muito mais da mãe do que dele. "Para a sua sorte". Em sua cabeça, ainda repassava os eventos do dia em que foi identificar o corpo do filho, se esforçando para lembrar da imagem que viu, tentando identificar pontos que pudessem justificar não ser aquele o seu filho.

Mas a memória era antiga demais para ser tão nítida assim, traumática a ponto de estar colorida com os mais diversos exageros mentais. Não era de todo uma memória confiável. Não, tinha que esperar para ver, e rezar para que, quem quer que fosse lhe aparecer, fosse alguém falando sério... Ou pensando bem, talvez devesse rezar para que fosse um trote... Já não sabia mais.

E assim, perdido nas divagações e reminiscências do passado, Lúcio não notou a passagem do tempo. Minutos correram. Ele teria saído dali após meia hora passada do horário combinado, se estivesse prestando atenção ao horário.

Quando deu por si, eram já nove e quarenta da noite. O movimento do shopping, como toda a sexta-feira, não havia nem aumentado e nem diminuído durante este tempo. Quando Lúcio percebeu a hora, tinha ainda a nítida sensação de que acabara de chegar.

Mas imaginava que quarenta minutos eram atraso demais para qualquer reunião séria, e que ninguém mais iria aparecer. O que era, até certo ponto, reconfortante: poderia voltar para casa e fazer de conta que nada aconteceu. Dali a um ano, nem mais se lembraria do ocorrido.

Por pura força do hábito, Lúcio deu uma boa olhada ao redor após conferir o relógio.

Foi quando ele viu, do outro lado da praça, um garoto olhando para ele.

Parecia, de fato, ter uns doze anos. Tinha cabelo negro, curto, levemente ondulado e um pouco despenteado; olhos azuis bem claros, amendoados. Estava usando uma camisa e calça jeans combinando, e uma camiseta branca saindo por baixo. Parecia sujo, mas estranhamente bem cuidado. A sua sujeira era algo bem recente. Estava parado, e tinha uma expressão imóvel que lhe dava um ar estatuesco, como se fosse parte da exibição de esculturas. Apesar de ser uma criança, não parecia ter a mesma energia que das outras, como as muitas que estavam ao seu redor. Pelo menos, tinha a sensação que a energia daquele garoto era de outra qualidade. Ele estava olhando diretamente para seus olhos, e Lúcio o viu fitar-lhe com uma determinação e profundidade fortes o bastante para serem incômodas. Sua primeira reação foi de um sorriso nervoso, pelo puro e simples paradoxo da situação: sentia-se lido, analisado, por um menino de doze anos.

Seu primeiro pensamento foi o mais traidor: "Ele é igualzinho à sua mãe".

Como se um sinal verde fosse dado, após pensar isso, o garoto andou até ele. Calma e seguramente, de um modo até mesmo frio. Bem diferente das outras crianças ao seu redor. Parou a uns dois metros de Lúcio, e a essa distância, via claramente a semelhança.

Era inegável. Naquela mesma noite Lúcio havia revisto algumas das únicas fotos que havia guardado de Alan, e o garoto que ali estava era exatamente igual ao que seu filho seria. Se ele não era realmente Alan, alguém havia se dado a um trabalho enorme e irreal, para armar a situação.

Mas era o seu filho. Lúcio agora sabia disso com uma certeza absoluta, natural, como a certeza que tinha de que estava vivo e acordado.

O garoto disse:

— Pai.

Lúcio foi tomado de surpresa pela iniciativa. Não se lembrava da voz do filho, mas essa era definitivamente a voz que havia ouvido no telefone a duas horas atrás. Algo na frase havia lhe ativado uma memória ancestral: distante, mas eterna. Sem saber absolutamente o que fazer ou pensar, Lúcio se inclinou para frente e disse:

— Quem é você, garoto?

O menino pendeu a cara um pouco para o lado, com uma economia exemplar de gestos e expressões. Lúcio achou, por pura suposição, que ele havia ficado confuso com a pergunta, como se ele mesmo não soubesse sua resposta. Por fim, porém, ele disse:

— Eu sou seu filho.

Lúcio olhou atentamente para o garoto, que parecia imune às emoções comuns, e disse:

— Olha, garoto, eu não sei quem você acha que é, mas meu filho morreu nove anos atrás, eu ...

— Você é meu pai – cortou-lhe o garoto, no mesmo tom que tinha usado até o momento.

— Como você sabe? – Lúcio perguntou com um vestígio de esperança, quase pedindo ao menino que o convencesse.

Ele o fitou por mais um tempo, e novamente Lúcio teve a sensação de que ele não sabia responder a pergunta, o que era muito estranho, já que ele parecia ter tanta certeza no que dizia. Por fim, ele falou:

— Porque está escrito.

Lúcio não resistiu à expressão de interesse que tomou conta dele, e indagou:

— Escrito? Onde?

Como resposta, o garoto tirou uma das suas mãos do bolso da sua camisa e lhe entregou um pedaço de cartão.

Era uma foto. Uma foto dele com Alan, tirada nove anos atrás. Lúcio não se lembrava de ter tirado uma foto destas, mas lembrava-se perfeitamente da ocasião: pouco mais de um mês antes da morte da esposa. Ele havia levado Alan para passear em um parque, em um dos raros fins de semana que o seu trabalho lhe permitia ficar com a família.

— Veja o verso – disse o garoto com suavidade.

Lúcio virou a foto e leu a inscrição no verso. Franziu a testa um pouco, sem compreender bem a situação. Percebeu-se tentando analisar a grafia ali escrita, ler nas entrelinhas qualquer coisa oculta, mas a inscrição era direta demais, simples demais, para ter qualquer significado obscuro. Era claramente uma instrução que o garoto tinha seguido para chegar até ele. Mas por que o garoto precisaria de uma instrução se foi ele quem marcou o encontro?

—Escuta, foi você mesmo que me ligou antes?

O garoto não sabia do que ele estava falando, e não lhe deu nenhuma espécie de resposta, como se ele nunca tivesse feito a pergunta. Por fim, Lúcio começou a achar tudo aquilo muito estranho, devolveu a foto ao menino e disse:

— Olha, garoto, eu não sei o que você quer e nem como eu posso lhe ajudar. Eu nunca lhe vi antes e não tenho idéia de quem seja seu pai.

O garoto ficou a olhar-lhe por um tempo, como se Lúcio tivesse dito a coisa mais absurda possível, e ele não soubesse direito como explicar para aquele adulto o ridículo do que ele havia acabado de falar. Por fim, suspirou e disse:

— Por que você está fazendo isso? Por que faz como se não me conhecesse? Você é meu pai e eu sou seu filho, e você sabe disso. Por que você me fala que não sabe o que fazer? Você vai me levar para a sua casa, e me fazer um jantar, e depois vai me colocar para dormir no quarto de hóspedes, aquele com o papel de parede roxo claro e o armário de madeira, e amanhã de manhã, logo antes de eu tomar café da manhã, vai ligar para uma senhora alta de cabelo ruivo que você conhece muito bem e contar tudo o que aconteceu hoje.

Por um longo tempo, os dois ficaram se olhando. O garoto estava, pacientemente, esperando que Lúcio fizesse aquilo que ele havia dito. Lúcio, no entanto, tinha passado do confuso e intrigado: estava assustado, com medo até. Em seu cérebro, pensava em possibilidades e explicações, e quanto mais pensava, mais se assustava.

Não era nem tanto o fato do garoto ter descrito de forma tão correta o seu quarto de hóspedes, ou ter dado uma descrição aproximada, mas exata de Amanda, com quem ele já havia pensado em compartilhar esse fato. Era o tom de sua voz: era uma certeza no que ele tinha dito, uma clareza e simplicidade tão grandes, que não deram a Lúcio a menor chance para dúvidas. Aquele garoto não achava, simplesmente, que Lúcio faria aquelas coisas, ele sabia sem qualquer sombra de dúvida. Lúcio via, naquele mesmo momento, que o menino estava esperando por ele, calmo, como se o que ele havia acabado de lhe dizer fosse certo, decidido, como se Lúcio não tivesse escolha.

E conforme Lúcio colocava todas as coisas sob uma luz investigativa, e tentava extrair de tudo isso uma explicação clara, percebeu de repente que o garoto estava certo, e era exatamente isso que ele faria. E foi isso, mais do que qualquer coisa, que o deixou com medo.

Engolindo em seco, disse:

— Qual o seu nome?

Novamente a estranha expressão de confusão, mas mais breve agora, e a resposta veio como um pedido:

— Eu sou seu filho.

Lúcio cerrou muito levemente os olhos, e disse:

—Bem... Meu filho se chama Alan. Se você é meu filho, você se chama Alan.

Alguma coisa acendeu naquela criança quando Lúcio disse isso, e ele a viu sorrir, por um momento, como todas as crianças sorriem. Era como se Lúcio tivesse acabado de lhe entregar um presente pelo qual ele tinha ficado o ano todo esperando, como se ele tivesse acabado de mostrar um boletim ao pai cheio de notas dez. O menino fez que sim com a cabeça, e falou simplesmente:

— Alan.

Lúcio expirou com um breve sorriso, e decidiu, para si mesmo, que se aquilo tudo era uma armação, se era falso, se era uma mentira, então era uma mentira que ele queria viver. Amanda lhe havia dito uma vez: "As pessoas querem se iludir", e naquele momento, Lúcio quis que aquela ilusão fosse verdade. Decidiu abandonar os últimos nove anos de solidão, dor e saudade, e voltar para casa com o seu filho. Ergueu a mão e disse:

— Vamos para casa, filho.

O garoto tomou a mão de seu pai e foi com ele até o carro, no estacionamento.

E foi assim que Rigel efetivamente morreu e se tornou Alan Costa, o filho de Lúcio Costa, raptado aos três anos, que miraculosamente encontrava o caminho de casa. E por aquelas próximas horas, Alan, que não tinha a menor lembrança de quem era ou o que havia ocorrido, sentiu que havia, finalmente, conquistado um prêmio que valia a sua vida: um objetivo pelo qual lutou tanto e por tanto tempo naquele passado irremediavelmente perdido para ele. Sorriu e sentiu-se, talvez pela primeira vez em toda a sua vida, amado.

E assim terminou aquela noite, da qual ele nunca mais se esqueceu.

Capítulo IV

Conversa com Rasalas

A 53 quilômetros da capital, seguindo pela Rodovia Maurício Torres, pegando a saída 52A, existe uma longa estrada secundária de cinco quilômetros e meio, praticamente deserta a não ser por um ou outro carro esporádicos, margeada por grandes pinheiros importados, chamada Estrada Cardoso Mello. Passando a alta ponte sobre o Rio Cardoso, existe um grande muro eletrificado. Escrito na porta, de forma bastante discreta, lê-se: Fundação Cosmos.

    Dentro, em um terreno maior do que a maioria dos clubes e estâncias das redondezas, em meio ao ar puro da serra, existe um pequeno complexo de prédios e casas construídos entre bosques, lagos e quadras esportivas. Equipados com acesso à Internet, televisão a cabo, um sistema de segurança de fazer inveja aos melhores governos, tem um conforto interno com o qual poucos hotéis se igualam.

    No sexto e último andar do prédio principal fica um escritório que tem uma de suas paredes inteiramente de vidro, permitindo a vista panorâmica de todo o vale e da maior parte das propriedades da Fundação. Parte do escritório tem um jardim interno no qual corre um rio artificial, com peixes. Na parede externa, uma porta também de vidro dá para uma sacada ampla, com um grande jardim suspenso primorosamente cuidado.

É nesse escritório que se encontrava Rasalas sentado em uma cadeira negra de couro. Naquele momento, ignorando toda a beleza natural ao seu redor, atento apenas ao homem à sua frente, seu fiel amigo, pupilo, e ajudante, Vega.

Rasalas, aos 68 anos de idade, poderia muito bem se passar por 90. Magro ao ponto de parecer anoréxico, a pele de seu rosto cai pelo pescoço em camadas, como uma cortina que vai até a clavícula. Olhos azuis bem claros, grandes comparados ao nariz e boca, dominam sua face. O cabelo o abandonara há muito, ele apara os poucos fios que possui, preferindo a calvície total à hipocrisia de manter dois ou três fios penteados para frente.

A cor da pele é uma mistura de cinza cadavérico com bronzeado natural. No geral, Rasalas parece uma múmia viva. Ainda assim, apesar da idade avançada e da aparência, esconde por debaixo desse corpo uma resistência nascida de uma autodisciplina da qual poucas pessoas suspeitariam. Aqueles que ouvem sua voz, cansada, transmitindo velhice em cada pontuação, não imaginam que esse homem, além de dirigir uma fundação inteira, ainda acha tempo para quatro horas de exercícios físicos e duas horas para exercícios mentais por dia, conferindo a ele uma saúde que todos os médicos classificam, na sua idade, como milagrosa.

Rasalas sabe muito bem o motivo de sua saúde exemplar: o estudo psicometabólico, a capacidade de interferir nos processos biológicos do corpo com a própria força mental, reforçando-os ou enfraquecendo-os, acelerando-os ou retardando-os.

Como sempre acontecia quando estavam juntos, Rasalas, mesmo sendo mais idoso e mais baixo, erguia-se espiritualmente por sobre Vega. Quem observasse os dois conversando não deixaria de notar a quem pertencia o poder e autoridade.

Quando Vega entrou na sala, Rasalas estava em reflexão profunda, e nela permaneceu, dando a falsa sensação de que ele estava irritado além da medida com suas incompetências. Depois de perceber que Vega esperava algum sinal de que ele estava vivo, Rasalas acenou ligeiramente com a mão para que se sentasse. Vega achou que estava para ouvir o pior de Rasalas. Mas ouviu apenas:

— Conte-me tudo.

E foi o que Vega fez. Rasalas havia chegado três horas atrás na Cosmos, vindo de uma viagem extenuante de Zurique, e ansiava por uma cama pronta e uma pequena dose de uísque, coisas que teria ainda de esperar muito para conseguir. Ao desembarcar, ligou seu celular e a primeira mensagem guardada era de Vega:

— Rasalas... Aconteceu uma coisa... É Rigel. Ele... Ele fugiu...

E depois, mais doze outras mensagens. Todas davam detalhes sobre o andamento das tentativas de recuperação do garoto. Rasalas ouviu todos os recados, mas pedia, agora, um relato mais detalhado e menos emocionado.

Vega lhe deu seu relato, após inspirar longamente.

— Rigel escapou, Rasalas. Nós não sabemos os detalhes precisos do como, mas a essa altura temos uma idéia muito boa de como ele fez. Provavelmente fugiu entre as 14h e 15h30. Tinha o dia livre. Você deve se lembrar que ele, Atria e Procyon tinham o dia livre pelo desempenho deles nas últimas provas. E achamos que ele escolheu esse dia por ser um dia atípico, com a maioria dos professores e agentes viajando. Você sabe, você mesmo estava em Zurique. Bom, o fato é que no começo da tarde ele foi até o perímetro sul, bem dentro do bosque, e levitou por cima da cerca eletrificada. Ele deve ter levitado a uma boa distância da cerca, porque não captamos nenhuma flutuação na corrente elétrica. E saiu correndo para o Sul, pela Estrada Cardoso Mello.

Vega fez uma pausa para se servir de uma dose de uísque. Logo após o primeiro gole, continuou.

— Ninguém imaginou o que ele poderia ter feito, ou que ele sequer faria isso. Chamamos as crianças para o lanche às 17 horas, mas Rigel não apareceu. Ora, a última coisa que iríamos pensar era que ele teria fugido. Tivemos medo que pudesse ter sofrido algum acidente ou coisa assim. Foi só depois de mais de uma hora e meia de procura na Fundação que resolvemos farejá-lo com os cães. Só então encontramos sinais de que ele teria saído por cima da cerca.

Vega, que até aquele momento andava em círculos pela sala, resolveu sentar-se para se acalmar... Mas só o que conseguiu foi transferir a ansiedade para um movimento compulsivo com a perna esquerda.

— Saí imediatamente com um dos carros assim que descobrimos o fato. Não encontrei traço dele na Cardoso Mello. Ele tinha mais de três horas de largada na nossa frente. Quando eu cheguei ao cruzamento da Cardoso Mello com a Maurício Torres, encontrei um homem caído no chão, com a mão na cabeça. Eu me identifiquei como um segurança contratado e ele me disse que seu carro tinha sido roubado por um menino... Contou que havia parado o carro para ajudar um garoto caído na estrada, mas quando fez isso, o menino se levantou, ficou encarando-o um tempo pelo vidro da frente, e o homem foi arremessado para fora pela porta que havia aberto. Ele estava bem confuso quanto ao que havia ocorrido. O garoto entrou no carro e saiu cantando pneu.

— Onde está este homem? – Rasalas perguntou, obviamente preocupado com o sigilo da organização.

— Ele está dormindo em um dos nossos ambulatórios. Eu liguei para a segurança, e eles vieram na hora, deram-lhe uns tranqüilizantes e o colocaram para dormir. Vamos ter de esperar até Polaris ou Astérope chegarem de viagem para trabalhar nas suas memórias. Felizmente, quando eu cheguei a ele, seu carro tinha acabado de ser roubado, e nenhuma viatura da polícia rodoviária teve tempo de vê-lo caído.

Rasalas assentiu com a cabeça, dando o duplo significado de que estava tudo muito bem, e que Vega podia continuar com o relato.

— Bem, depois disso eu voltei para a Cosmos e peguei Alphard. Sabe, como os nossos melhores gnósticos estão em viagem, não tínhamos ninguém habilitado o bastante para encontrar Rigel, e Alphard, além de ter toda a competência para isso no campo paranormal, tem uma ligação muito forte com ele.

— Você fez bem em levar Alphard. – interrompeu e assegurou Rasalas. – Não quero desculpas, quero uma explicação.

Vega assentiu secamente. Olhou brevemente para o copo em sua mão e continuou:

— Bom... Com Alphard, eu parti em direção à capital. Ela já o estava localizando, e eu fui seguindo suas indicações. Demorei cerca de uns quarenta e cinco minutos para o encontrar. Alphard é muito boa, muito boa mesmo. Eu o vi seguindo pela Avenida dos Colonos e indo em direção à estrada Francisco Couto. E olha, Rasalas, aquele garoto sabe correr com um carro. Foi impressionante. Ele nunca dirigiu antes, com certeza, mas foi só entrar no carro e, de cabeça, guiava entre o trânsito como se estivesse na fórmula Um.

— Rigel sempre foi muito observador – disse entre o preocupado e o orgulhoso, mas assumiu logo depois um tom seco. — Foi aí que você decidiu atirar nele no meio da cidade?

— Eu não atirei nele, Rasalas, atirei nos pneus. E o que você queria que eu fizesse? Ele estava escapando, o carro dele era melhor que o nosso, e se ele entrasse na estrada estávamos de volta à estaca zero!

— Você tinha Alphard, Vega. Você poderia localizá-lo mais tarde, com paciência. Você deixou sua afobação tomar o controle das suas atitudes e quase nos expôs de forma irreversível. Vega, nós temos que manter o segredo, acima de qualquer coisa!

Vega olhou para baixo, derrotado, só pôde dizer, depois de um longo suspiro:

— Tem razão... Bom, a essas alturas, você já tinha voltado à Cosmos. Foi aí que eu comecei a falar com você por telefone. O resto você já sabe.

Seguiu-se uma pausa angustiante. Rasalas ponderava as variáveis em sua mente, procurando as melhores vias de ação. Por fim, disse inesperadamente:

— Temos duas coisas a considerar nesta situação.

Vega, que até então olhava absorto para seu copo, virou apenas os olhos a Rasalas. Este esperou o sinal de entendimento de Vega e continuou.

— Primeiro: temos que ter certeza de como aconteceu para saber como podemos evitar o fato no futuro. Segundo: o que faremos com relação a Rigel.

Inspirou lentamente, e disse:

— Vamos falar primeiro sobre o que vamos fazer. Eu acho que começar discutindo de quem é a culpa não vai nos ajudar em nada.

Vega assentiu com a cabeça, mas a sintonia entre eles era profunda, e Rasalas sentiu o que nenhum músculo de Vega transmitiu: o alívio de postergar o assunto.

— E isso é realmente muito simples de tratarmos – Rasalas prosseguiu – Ao terminarmos esta reunião eu vou ligar para Lesath e Astérope e inteirá-los do assunto, colocando-os como responsáveis pela recaptura do garoto da forma mais discreta possível.

— Rasalas, com todo o respeito, Lesath e Astérope não são conhecidos pela discrição... Ademais, eles estão em missão.

— A missão deles já terminou. Acabaram de mandar um e-mail com os detalhes. Quanto à discrição, eles têm a minha total confiança. Eles têm se saído muito bem em todas as operações de campo que atuaram.

— Muito bem? Rasalas, como você mede o sucesso? No Cairo eles quase colocaram tudo a perder quando Lesath saiu correndo em plena rua atrás do carro de Hamed. Na Suíça somente os seus contatos com o chanceler impediram um incidente internacional que teria certamente nos exposto. E, depois de

Constantinopla, quando ele e Astérope fizeram o carro do embaixador americano cair morro abaixo, eles tiveram que voltar para casa trocando de identidade cinco vezes! Nós nem temos ainda confirmação que o serviço secreto americano não está atrás deles.

Rasalas sorriu, um de seus sorrisos finos que Vega sabia muito bem interpretar como uma discordância superior. Tudo o que ele disse tinha sido inútil. Como imaginava, Rasalas respondeu:

— Vega... Eu prefiro uma missão que quase dê errado a uma que quase dê certo. Além disso, eles são os mais capacitados para encontrar o garoto. Tanto em capacidade paranormal quanto em experiência de campo. Lesath até hoje é o único agente que consegue ler números complexos por vidência, e este talento é imprescindível para localizarmos Rigel.

Vega suspirou. Rasalas deu-se por satisfeito e prosseguiu.

— De qualquer forma, eu já chamei de volta Antares, Kaus e Polaris. Polaris ficou muito preocupada com Rigel. Todo mundo gostava dele, e uma brecha de segurança destas deve ser tratada com a maior urgência. Até que ele seja encontrado, eu cancelei todas as nossas missões em andamento.

Vega arregalou os olhos mais do que desejava ter feito, e abriu a boca para falar, mas Rasalas se adiantou e disse:

— O dinheiro perdido é apenas isso, Vega, dinheiro. É claro que a diretoria da GWI não ficou nem um pouco contente. Tem algumas informações sobre o mercado japonês que eram imprescindíveis para as operações deles na semana que vem; mas dinheiro nós sempre podemos conseguir mais. E o pessoal da GWI sabe muito bem o risco que é termos um dos nossos à solta por aí... Especialmente Rigel.

Rasalas tornou a olhar para o seu copo, ainda cheio, enquanto Vega dava-se por derrotado... Mais uma vez. Quando Rasalas falou, seu tom havia mudado inteiramente.

— Toda essa confusão com o Rigel me deixou muito preocupado, Vega. Ele era um dos nossos melhores, o mais promissor. Você e outros são como os filhos que eu nunca tive, mas Rigel sempre foi meu neto preferido. Saber que ele está andando entre os mundanos e que preferiu a eles a sua verdadeira família é algo com que eu não queria ter de lidar. – E fez uma pausa.

— O que me traz ao primeiro assunto...

— Espere, Rasalas – Vega urgiu. Rasalas ergueu os olhos a ele em uma demonstração clara de que ele poderia continuar.

— Ras, por que mandar Lesath e Astérope atrás dele?

— Você tem alguém melhor em mente?

— Não, na verdade, não. Eles realmente são bons demais em localizar fugitivos. Mas o que eu quero dizer é... – suspirou e tomou o primeiro gole. Como iria abordar o assunto? – Por que enviar qualquer um atrás de Rigel? É bastante claro que a sua fuga é fruto de um plano que ele montou por um longo tempo, passou talvez um ou dois anos elaborando em sua cabeça. É também muito claro que ele não confiou em nós este tempo todo: ele nem mesmo falou sobre ir procurar a família, ele manteve tudo em segredo. Esperto da parte dele, sem dúvida, mas também demonstra total falta de confiança em nós, em você, em mim... Por que nós não o deixamos ir embora? Por que forçar o garoto a voltar, quando claramente não é isso que ele quer? Ele deve estar com seu pai agora, digo, com seu pai biológico. Era o que ele queria. Ele fez a sua escolha, e ela é óbvia. Vamos deixar a criança ter a vida pela qual lutou!

Vega falou em um tom tão apaixonado, tão condoído e ao mesmo tempo compadecido de Rigel que, quando terminou, o silêncio se estendeu como um tapete de gelo pela sala, e pairou sobre eles como um espectro invisível: um vazio infindável na alma. A certa altura, Rasalas suspirou. Novamente, sua voz era toda voltada a Rigel e nada a Vega.

— Por que, Vega? Por que realmente... Por que colocar o dedo na garganta de uma criança que está se engasgando, se isso irá machucá-la? Por que proibir uma criança de brincar na cozinha, se é isso que ela quer? – Rasalas olhou diretamente para Vega – Por que proteger o seu filho, se ele quer correr um risco? Então você quer deixar o mundo à mercê das crianças? Você quer jogar este menino em meio ao mundo lá fora, inocente e despreparado? Sabe quando ele será feliz com os mundanos? Sabe quando ele vai se adaptar à vida entre os normais? Nunca! Nunca, Vega, nunca! Eles vão perceber seu potencial, sua capacidade, e vão abusar dele, vão usar sua inocência para sugarem dele o que puderem, vão se ligar a ele por interesses, e dizer-lhe que ele é bom e forte, e vão lhe dar tudo o que querem, ensinando o garoto a valorizar ilusões. Mas, ilusões são ilusões, e um dia, todas desabam... E quando elas ruírem aos seus pés, nada vai sobrar, ele será uma casca oca, desprovida do seu valor, roubada de sua inocência: sem amigos, sem valores, sem princípios... Estará morto por dentro, e desejará a morte por fora, e porque ele é tão forte, a morte virá a ele, e sabe-se lá a quantos mais que estiverem ao seu lado.

Rasalas suspirou. Falou tudo o que disse com compaixão, mas também com firmeza, e continuou:

— Você quer que ele viva entre aqueles que irão temê-lo por toda a sua vida? Entre aqueles que nunca poderão dar ao garoto afeição e carinho adequados, porque entre eles sempre haverá um abismo intransponível? Quer jogá-lo, sem defesas, no meio dos hipócritas, dos violentos, dos orgulhosos e vaidosos? Não! Aqui é o seu lugar! Esta é sua casa! E nós, Vega, somente nós, em todo mundo, sabemos como cuidar desta criança e dar a ela o cuidado e instrução que merece, e desenvolver o seu potencial muito além de qualquer limite que o mundo lá fora possa imaginar.

— Quando Sirius fugiu, nós não fomos atrás dele...

— Quando Sirius fugiu – Rasalas o cortou –, tinha dezenove anos. Ele nos deixou com plena consciência de como era o mundo lá fora e o que ele estava deixando para trás.

Cada palavra de Rasalas atingia Vega como uma broca e, lentamente, argumento por argumento, seu próprio raciocínio foi sendo torcido. Ao final do seu discurso, Vega era novamente seu: concordava com ele em todos os pontos, e ainda se envergonhava de ter dado a sua sugestão.

"Eu não posso ficar uma semana em viagem que meus agentes já começam a ter idéias próprias", pensou Rasalas. Mas percebia que a conversão de Vega havia sido total, e esse súbito rompante de individualidade havia sido cirurgicamente retirado. Satisfeito em ter restaurado a ordem na mente de seu companheiro, Rasalas continuou:

— O que me leva a um bom assunto, Vega. Para fazer o que fez, com o conhecimento que demonstrou, Rigel sabia sobre Sirius, sabia em detalhes. Tem alguma idéia de como ele chegou a esse conhecimento?

Vega suspirou.

— Rigel tinha acesso ao laboratório de eletrônica, Rasalas. Lembra-se quando nós acreditamos que ele poderia ser o primeiro eletrocinético da Cosmos?

Vega mencionou a suspeita, acolhida com grande antecipação pelos professores, que Rigel poderia ser a primeira pessoa a desenvolver um poder mental sobre ondas e campos eletromagnéticos de forma refinada, e continuou.

— Então, para ajudar no seu desenvolvimento, conduzimos uma série de testes com ele no laboratório de eletrônica. Estava começando a mostrar algum progresso... Acho que você leu os memorandos? Mas o fato é que ele sempre foi muito bom com computadores, e de um dos terminais do laboratório, ele poderia, com um pouco de engenhosidade, acessar os servidores na hora em que quisesse. Agora, nenhum servidor tinha os dados sobre Sirius, porque, como você ordenou, eles estavam em um disco rígido fora do sistema. Mas os servidores diziam onde estava o disco. E Rigel descobriu isso, porque eu encontrei esse disco ligado ao terminal do laboratório quando voltei hoje para pegar Alphard.

Vega pausou, dando tempo para Rasalas fazer suas meditações, como ele sempre costumava fazer. Sabia que ele preferia que uma história nunca fosse contada toda de uma vez. Rasalas ponderou aquilo tudo, e quando olhou de novo a Vega, pedindo-lhe silenciosamente que continuasse, não havia julgamento ou censura em seu olhar. Vega estava desconcertado.

— Bem... Minha hipótese é que o garoto se interessou em saber quem eram seus pais biológicos. Devo dizer que ele pode ter tido vários estímulos diferentes para isso. Opções não faltam por aqui. E todas as crianças perguntam pelos pais uma hora ou outra, mas por algum motivo, para Rigel, as nossas respostas não eram suficientes. Caramba, Rasalas, as pessoas são diferentes. E Rigel, bom, ele é bem diferente de qualquer outro que nós tenhamos aqui. Você sabe como aos oito anos a memória dele já era incrível. Como eu poderia saber que ele estava vendo e analisando e refletindo sobre muito mais do que demonstrava? Que, no seu íntimo, ele não confiava plenamente em nós? Foi completamente inesperado... Quero dizer, se ele tivesse quinze, dezesseis anos... Eu até poderia entender esse tipo de iniciativa, e é por isso que aos quinze as crianças ficam com mais tarefas do que elas podem realizar em um só dia: lhes dá o que fazer... mas aos onze?

Rasalas ergueu-se da cadeira e pôs se de costas a Vega, observando a paisagem à luz da lua cheia. Como nenhuma palavra, nenhum gesto de censura veio dele, Vega perguntou:

— Rasalas, o que Rigel fez... Você conhece uma forma de desfazer?

— Destruir as próprias memórias? Reconstruir a própria personalidade? Hum... É difícil, muito difícil... Rigel era bom... O melhor telecinético que tivemos aqui até a data, ele pode ter feito a operação com um ajuste fino que nós não temos como supor. Lembra-se como ele era capaz de quebrar um ovo específico, em uma pilha de ovos, e nem ao menos esquentar os outros ao seu redor? Seu controle é muito bom.

Talvez, se ele tenha agido apenas na personalidade, e não na memória, ainda haja alguns centros cerebrais que tenham apenas se tornado inativos devido ao choque, e possam voltar à atividade com o tempo... Mas eu diria que o Rigel que conhecemos morreu e nunca mais voltará – uma profunda tristeza sublinhou sua voz — Talvez uma reconstrução astral. Mas isso é apenas teórico, e nem mesmo Alphard, que é a nossa melhor viajante astral, consegue ler a luz direito. Mas eu acho que, se um viajante astral forte o bastante quiser, e conhecer Rigel bem, poderia guiá-lo pelo processo e lhe conceder grande parte do que ele tinha... Mas Vega... Quando uma pessoa corta fora um braço, mesmo que ele seja recolocado, ele nunca mais volta a ser como era.

Vega, depois de um tempo, fez a pergunta desnecessária:

— Como vamos contar isso para as outras crianças?

Rasalas virou-se a ele.

— Sim, como? Não podemos mentir para elas, perceberiam na hora, e também não podemos admitir culpa. Isso daria razão a Rigel, e não queremos um enxame de crianças paranormais invadindo o mundo. Temos que ser sinceros, Vega, mas temos que lhes mostrar a nossa sinceridade, e não a de Rigel...

Vega não disse nada, sabia que Rasalas estava, como costumava, falando alto para pensar melhor consigo mesmo, e deu-lhe espaço.

— Vamos lhes dizer... Que Rigel fugiu porque não entendeu bem alguma coisa... E essa é a verdade mesmo. Rigel quis... Conhecer o mundo lá fora, isso, Rigel quis conhecer o mundo, viver entre os mundanos. Podemos dizer, de verdade, que Rigel queria ter mais amigos. Mas ele não entendeu que lá fora as pessoas têm medo dos paranormais, e que um dia, todos poderão viver entre eles, mas só quando conseguirem se controlar direitinho. Por que senão... Eles podem se machucar... Os adultos normais podem querer machucar uma criança paranormal, porque não a entendem. Isso! É isso mesmo, exatamente como quando duas crianças estão brigando, elas brigam porque não se conhecem, porque se um telepata vem e mostra a uma o que a outra pensa, elas param de brigar e se envergonham.

Rasalas olhou para Vega e disse:

— E é por isso que Rigel fugiu.

Vega apenas assentiu com a cabeça.

Rasalas sentou-se e permitiu-se uma indulgência ao pegar alguns amendoins da mesa e comê-los. Vega sentiu que a reunião estava encerrada e ergueu-se, mas ao fazê-lo, Rasalas disse:

— Vega... Quanto mais eu revejo a situação, mais eu acho que ela não poderia ser evitada. Não havia como você ter agido antes, e o que você fez, como sempre, foi o mais correto.

Vega, preso pelo argumento consolador de Rasalas, pôde apenas retrucar:

— Eu sei, mas seria mais fácil para mim se você tivesse me acusado de algo. Desta forma, você me deixa apenas com a minha própria consciência como juíza, e ela é severa demais neste caso.

E, dizendo isso, saiu do escritório de Rasalas, colocando o seu corpo de uísque pela metade na mesinha na saída do escritório.

Rasalas ficou um bom tempo observando a porta do escritório, em meditação silenciosa, refletindo sobre o destino dos seus filhos e netos. Por fim, pegou o telefone e ligou a Lesath.

Alphard foi se deitar pouco depois de chegar à Fundação Cosmos. Comeu apressada, o horário da janta já havia passado. Conversou rapidamente com Aludra e Atria, que ainda estavam acordadas, jogando um novo game de Atria. Cansada, resolveu ir logo para o quarto.

Grande parte do seu cansaço não tinha nada de físico, e era mais um desejo de ficar a sós do que qualquer outra coisa.

A fuga de Rigel, sem nenhuma espécie de aviso, sem sinais, sem consideração, a deixava mais exausta do que qualquer outra coisa, e seu coração era um turbilhão de preocupações, mágoa, raiva e pena.

Horas atrás, quando estava na rua com Vega, perseguindo Rigel, Alphard havia, por um momento, quase tocado sua mente, enviado-lhe um pensamento como eles costumavam fazer sem que os professores soubessem, e conversado com ele, perguntado-lhe tudo o que queria saber, pedido, exigido explicações.

Mas quando a imagem dele estava quase formada, quando a mente dele parecia finalmente ao seu alcance e ela sentiu o contato se estabelecer, veio a dor: mil agulhas penetrando lentamente na sua cabeça, girando os seus miolos e esmagando seu crânio. Uma dor insuportável. Mesmo agora, horas mais tarde, a cabeça dela ainda latejava. Tinha sérias dificuldades de aceitar que Rigel estava passando pela mesma dor. Se ela tinha sentido aquilo apenas pelo contato mental, quão maior não deveria ser a dor dele...

Ao acordar, depois de um pequeno tempo, ainda sentia como se alguém tivesse esmagado seu crânio com uma bola de ferro. Mas, mesmo assim, ainda estava disposta a procurá-lo, cheia de preocupação, susto e choque, e não havia mais nada. Nada.

Era como se ele tivesse morrido... Mais do que isso! Porque Alphard podia sentir aqueles que estavam voando livres e, às vezes, até falar com eles. Mas com Rigel, não havia nada, apenas um vazio, como se ele simplesmente não existisse, como se eles nunca tivessem se conhecido.

Ela deitou-se na cama novamente, e a tensão do dia finalmente a alcançou. E ela pôde deixar a dor de cabeça dominá-la, largando o autocontrole espartano a que estava se impondo desde que acordou. Fazendo de conta que era só por causa da dor da cabeça, ela deixou que uma, duas, três lágrimas caíssem... E depois os soluços viessem. Um sempre um pouquinho mais forte que o anterior. E mais tarde, quando eles estavam altos, um ou outro gemido de dor se formasse.

Estava perdida em sua própria dor e não percebeu a aproximação de alguém do lado de fora de seu quarto, e se assustou quando ouviu as batidas na porta, algo que ela raramente deixava acontecer.

Vivendo entre telepatas, Alphard e as outras crianças da Cosmos descobriam logo a inutilidade de tentar esconder qualquer espécie de emoção. Não se preocupou em enxugar lágrimas ou suprimir soluços conforme se dirigiu à porta do quarto e a abriu. Era Procyon.

Procyon havia esboçado uma tentativa de falar algo assim que Alphard abriu a porta, mas não teve tempo, porque Alphard imediatamente se atirou para cima dele, apertou-o fortemente, e ali ficaram.

Procyon, sempre mais forte que ela, mesmo sendo um ano mais novo, levou-a calmamente para a cama. Enquanto ela chorava, colocou sua mão levemente na sua face, e olhou-a diretamente nos olhos. Entre eles, a sintonia era imediata, se conheciam intensamente, e logo o quarto ao seu redor estava impossivelmente longe. Os seus olhos ocuparam toda sua atenção, e eles conversavam um com o outro sem movimento, sem tempo, como dois átomos atraídos um ao outro.

"Eu senti sua dor, Al". Procyon disse sem mover os lábios.

"Ele se foi, Procyon. Ele se foi... Ele não está em lugar nenhum... E sentiu tanta dor..."

"Ele não está voando livre, Alphard, se estivesse, eu teria sentido."

"Procyon... Eu não sei o que fazer... Eu gosto tanto dele..."

"Eu também, Al. Vamos procurar por ele, vamos voar para fora e ver se o encontramos. A viagem vai te acalmar, a gente sempre se acalma nas viagens."

Alphard concordou sem palavras.

"Eu não sei se consigo agora, Procyon. Eu estou muito nervosa."

"Eu te levo, Al. Eu saio antes e depois te puxo para fora."

Alphard fez que sim com sua cabeça física.

Procyon relaxou, rompeu o contato com Alphard, e deixou-se quase adormecer na cama. Imaginou, como sempre o fazia, que estava em um lago no meio de um redemoinho, que a água rodopiava ao seu redor, em um turbilhão cada vez mais rápido, ao mesmo tempo em que ele próprio diminuía de tamanho. Era dissolvido pela água. Perdia braços, pernas, perdia o corpo, a cabeça, os olhos, tudo, até só sobrar apenas um ponto, único, onde antes era o meio da sua cabeça, e a água girando, selvagem, ao seu redor.

Neste momento, como sempre, sentia que a água o levava para cima. Pareceu-lhe tomar três choques repetidos, e ergueu-se, elevou-se. Sabia, naquele momento, que não tinha mais controle sobre o próprio corpo. Se quisesse abrir os olhos ou levantar um braço, seria incapaz de fazê-lo.

Foi erguido e, após um período que sempre lhe parecia longo demais, deixou-se deslizar para o lado, e pousar em frente ao seu corpo. Viu, então, com olhos mais nítidos que a sua imaginação, e muito mais nítidos que os de seu corpo físico, o quarto de Alphard. Viu-a deitada. Viu a seu próprio corpo com imensa indiferença. Sentiu mais uma vez assombro ao ver como ele era pequeno quando estava "preso".

Alphard estava descansando, também, tendo sido vencida pela exaustão. Ela flutuava levemente acima do seu corpo, embora ainda conectada a ele. Procyon estendeu as suas mãos imaginárias e sentiu que ela estremecia ao seu toque. Abraçou-a, como um abraço físico, só que mais envolvente, e sentiu-a relaxar, e pensou, subitamente: "Ela é muito mais bonita vista como é de verdade".

Então, sem pedir ou esperar, desejou erguer-se, e foi arremessado para cima, para além do teto, para além das telhas, e flutuou metros acima do alojamento das meninas. Alphard, agarrada a ele, não ofereceu resistência alguma. Ao ser puxada, despertou de súbito, e olhou-o com a calma e o carinho característicos daquela forma.

Procyon sabia que qualquer outra pessoa menos treinada, ou com menos experiência em voar do que Alphard, teria resistido com um grande susto, e sido jogada de volta ao seu corpo. Acordaria com um sobressalto ao ser puxada daquela forma. Mas Alphard, que já havia tido vários vôos com Procyon, conhecia a sensação, e estava esperando por isso. Em vez de resistência, ofereceu-lhe ajuda.

"Você deveria aprender a fazer isso com mais calma, Procyon". Soou Alphard em um mundo sem ar.

Procyon apenas riu, estremeceu todo de humor enquanto pulsava.

Saíram, então, voando. Sem avisos e sem destino, apenas flutuando pelo ar, para aquele lugar onde a luz da lua reflete sobre o topo das nuvens e o mundo abaixo é um caos de cores enegrecidas. Se sentiram acelerar em meio às centenas de seres e coisas voadoras ao seu redor, muitos dos quais eles já conheciam. Impulsionados pelo seu desejo, estavam como que sendo puxados por mãos invisíveis, que os levavam a velocidades impossíveis por todos os cantos da Terra, e em sua mente, apenas uma imagem, uma idéia: Rigel.

Voaram por um bom tempo, embora lá embaixo, no mundo dos presos e adormecidos, apenas meia hora tenha se passado. Movidos por sua vontade férrea, vasculharam os ecos deixados por seu amigo, mas por mais que procurassem, nada encontravam. Por fim, convencidos que ele havia decididamente escapado, voltaram a seus corpos e dormiram. Sonharam sonhos tensos, de pessoas que corriam por corredores amplos, mas solitários, e procuravam por um tesouro que não sabiam qual era, enquanto ficavam cada vez menores.

Capítulo V

Telefonema para Lesath

Em meio a uma das ruas mais movimentadas da principal capital econômica do país, cercado de arranha-céus vítreos com desenhos futuristas, existe um prédio de trinta andares. O edifício eleva-se sobre a silueta da cidade com um dos mais altos heliportos visíveis, cujo aluguel é uma boa fonte de renda ao condomínio, além de possuir uma lista de locatários composta apenas por empresas com um faturamento mínimo na casa das dezenas de milhões anuais.

Este prédio pertence à Griffith-Woodworth Investimentos, ou simplesmente GWI, uma empresa atuante no mercado de fundos de investimento, com uma série de carteiras fechadas de alta rentabilidade. O próprio edifício é a sede de operações da Griffith-Woodworth, do vigésimo quinto ao trigésimo andar.

Griffith-Woodworth é também o sobrenome de Ivan, conhecido para os íntimos como Rasalas. Ivan é presidente da Fundação Cosmos e principal diretor da GWI. A empresa é a maior fonte de renda da Fundação e o motivo por que conseguem manter seu padrão de vida tão alto sem muito alarde social.

Para o mundo "normal", a GWI possui uma série de programas de responsabilidade social, muitos deles sérios, através dos quais consegue não apenas uma boa isenção fiscal, mas também manter a Fundação Cosmos. A Cosmos é uma fundação sem fins lucrativos, registrada com a obscura função de "promover pesquisas no campo da psicologia para auxílio de portadores de certos desvios cerebrais".

A GWI e a Fundação Cosmos têm operado em conjunto desde o início, e oferecem aos paranormais treinados por eles, uma forma onde possam exercer uma atividade lucrativa. Assim, enquanto promovem o convívio exclusivo entre eles, afastando-os do contato com os "normais", contribuem com a fundação que os treinou.

Desde o início, há mais de cinquenta anos, a principal preocupação dos diretores da Cosmos foi exatamente a manutenção do segredo sobre o seu estilo de vida. Para eles, nenhuma informação devia sair de dentro da fundação, direta ou indireta, que pudesse levar algum "normal" a desconfiar do real propósito da Cosmos. Essa política de tolerância nula a vazamentos de informação foi a maior responsável por alguns eventos desconcertantes ao longo do tempo, envolvendo os paranormais da Cosmos. Também é o principal motivo que os fez bem sucedidos em se manterem incógnitos e ativos.

É devido a essa política também, que alguns dos paranormais treinados pela Cosmos se especializam em missões de campo: na ação direta para supressão dos vazamentos de informações. Apesar de serem treinados unicamente dentro da Cosmos, possuem técnicas que ela captou dos mais diversos campos militares durante sua existência. Estes agentes são as pessoas mais caras e admiradas da Fundação: especialistas tanto no uso de suas faculdades paranormais quanto na inteiração social com o mundo "normal". São modelos para as crianças que treinam na Cosmos, os seus heróis.

Ao longo da existência da GWI, inúmeras eventualidades necessitaram da intervenção direta dos agentes de campo. Como nenhum vazamento é permitido, nem mesmo as mais leves suspeitas podem ser deixadas sem uma investigação definitiva. Quando uma empresa tem um negócio tão público como o investimento em ações e mercados, desconfianças sempre aparecem. Em um ramo onde a espionagem industrial é especialmente forte, a GWI conseguiu atingir uma segurança interna praticamente perfeita e, com o tempo, construiu entre os seus maiores investidores a reputação de ser quase inviolável.

A palavra-chave é: "quase".

Poucos meses atrás, a Fundação Cosmos foi vítima de uma tentativa extremamente competente de invasão dos seus sistemas por parte de um hacker. A tentativa foi mal sucedida graças à ação dos responsáveis pela segurança dos sistemas da empresa, também paranormais treinados. Um registro das atividades suspeitas foi feito.

Através deste registro, dois agentes foram enviados para investigar desde a origem do ataque e a identidade do atacante, até o quanto ele sabia ou suspeitava sobre a Cosmos. Lesath e Astérope. Ele, um dos melhores videntes da Cosmos; ela, uma das mais competentes telepatas. As histórias de suas missões são usadas como exemplo de cooperatividade, e o grau de sintonia que eles atingem quando operam juntos, lhes permite agir da forma mais síncrona que a Cosmos conhece. Quando trabalham em conjunto, tem uma certa dose de loucura, um desinteresse em permanecerem vivos e um amor aos riscos, que os fazem assumir ações e situações classificadas repetidamente como "ousadas demais".

Quando Lesath recebeu o telefonema de Rasalas, estava abrindo tranqüilamente uma garrafa de vinho em seu quarto de hotel enquanto Astérope terminava o banho. Contava naquele dia, três meses, dois dias e quatro horas para seu trigésimo sexto aniversário. Alto, com um cabelo negro curto que começava a lutar bravamente para não perder a cor e olhos verdes que quase nunca se mexiam, Lesath dava a impressão de estar sempre relaxado, de se manter a todos os instantes em um estado de calma e tranqüilidade. Todos os seus movimentos eram fluidos, todas as suas expressões eram econômicas, mas todos eram também dotados de uma intensidade dificilmente explicável. Era a presença imponente da certeza, que muitos confundiam com arrogância.

Atrás dele, amplas portas de vidro fechadas davam vista para um mar de luzes logo abaixo, iluminando as nuvens no céu com uma luz alaranjada. Em meio a este mar, um e outro foco mais claro: os museus. "Como tem museu nesta cidade", pensava, e ao fundo, no horizonte, a imagem sempre presente, sempre iluminada, da Torre Eifell.

Comemoravam mais uma missão bem sucedida. Claro que Rasalas acharia vários pontos negativos e daria uma bela bronca nos dois. Lesath até imaginava quais seriam os principais motivos de raiva dele, mas o fato é que toda aquela missão havia ocorrido exatamente como ele e Astérope gostavam.

Não bastava eles terem invadido a companhia provedora de acesso à Internet de onde o ataque havia saído e acessado fisicamente o servidor, o que em si já seria arriscado demais. Eles tinham que deixar o alarme tocar, chamar a atenção de toda a segurança, trocar tiros com os guardas, pegar a informação que precisavam na correria e sair em cima da hora para evitarem o cerco da polícia.

Não bastava eles visitarem calmamente a mansão de onde o usuário em questão havia se conectado à Internet. Eles tinham que invadi-la no meio da noite, subjugar todos os guardas da residência e da rua, seqüestrar todo mundo e ler a mente de um por um até descobrir quem havia feito o ataque.

Não bastava terem saído correndo atrás do sujeito: um hacker contratado por uma holding de investimentos, que havia se ocultado deles até aquele momento. Eles tinham que fazer disso uma perseguição em alta velocidade pela cidade durante a madrugada. O hacker, eles, e a polícia logo atrás.

Por fim, quando conseguiram capturar o sujeito e induzir telepaticamente os guardas a esquecerem o assunto, o que em si já era bem extenuante, não bastava terem-no levado até um local ermo e o interrogado. Eles tinham de hipnotizá-lo, vasculhar suas memórias, saber tudo o que ele sabia, e, no final, apagar boa parte do último ano da sua mente, deixando-o completamente confuso no meio da estrada.

"É, havia sido um sucesso mesmo!", pensou. Era o tipo de missão que eles gostavam de fazer.

Astérope era alta e, pela maioria dos padrões de beleza, não tinha nenhum atrativo especial, mas sabia se produzir. Andava com uma certeza sensual que lhe conferia uma atração, se não pela beleza física, que fosse unicamente pela imponência da sua pessoa. Quando saiu do banheiro, se enxugando, à primeira vista não teria despertado o interesse da maioria dos homens. Quando ela colocou a toalha sobre os ombros e tomou suavemente um gole da taça de Lesath enquanto ele falava ao telefone, a maioria não teria resistido. Entre um comentário e outro de Rasalas, eles trocaram um breve beijo, e Astérope ouviu Rasalas dar uma bronca em Lesath pelo outro lado: "Concentre-se homem, isso é importante...".

Quando Lesath fechou o celular e olhou para Astérope, preparando-se para dar-lhe a notícia, permitiu-se ainda três segundos da mesma admiração que tinha por ela há cinco anos. Sua expressão preocupada, traidora demais, levou-a a perguntar:

— O que houve, Les?

Colocando o telefone no bolso, respondeu:

— Rigel fugiu.

Astérope levantou as sobrancelhas, os seus únicos músculos a se moverem:

— Rigel fugiu?

Lesath apenas assentiu. Astérope deixou a taça de vinho de lado. Sentou-se a seu lado e começou a ouvir todo o relato que ele lhe transmitia sobre a fuga de Rigel, a versão editada por Rasalas da explicação de Vega. Ouviu atentamente, mesmo quando se ergueu, foi pendurar a toalha no banheiro, e voltou escovando os cabelos. E a cada frase de Lesath, ficava mais séria, mais concentrada e resoluta.

Quando Lesath acabou seu relato, informando com simplicidade aterradora que Rasalas os havia escolhido para reencontrarem Rigel – ela evitou pensar nisso como uma captura – o silêncio da sala, quebrado apenas pelo som de uma televisão vinda do andar de baixo, pareceu-lhes pintar a cidade de cinza, e extrair cruelmente o gosto da sua última conquista.

Pela mente de Astérope seus próximos passos, suas próximas atitudes, e boa parte do dia seguinte transcorreram, claros, como uma premonição clarividente.

— Sabe o que me ocorreu? – perguntou ela.

Lesath deixou que ela continuasse.

— Essa é a primeira missão onde o alvo é alguém da Cosmos. Acho que é a primeira missão que temos cujo alvo é outro paranormal.

E Lesath, sempre o bom samaritano, respondeu, conciliador:

— Então vamos fazer desta a última.

Capítulo VI

As visões de Lesath

Cláudio Ribas Machado já esperava alguns meses por algo assim, e agora, quando finalmente havia ocorrido, assegurava de todas as formas possíveis sobre os detalhes do acontecimento.

Ele sempre fora uma pessoa muito cuidadosa.

Várias horas atrás ele havia acompanhado pelo seu computador, cautelosamente configurado para monitorar alguns alarmes e sistemas da Fundação Cosmos, o grande movimento que havia tomado conta do lugar. As crianças foram dormir mais cedo, Vega saiu com Alphard sem uma palavra a mais, e ao voltar, a menina foi quase diretamente ao quarto. Vega ficou com Rasalas por um bom tempo, e Cláudio pôde observar que os administradores do sistema fizeram uma série de pesquisas na sua base de dados e histórico das câmeras, obrigando Cláudio a sair do sistema diversas vezes para voltar mais tarde.

E em tudo isso, em nenhum lugar, nenhuma imagem, estava Rigel.

Poucas horas depois da conversa entre Vega e Rasalas, Cláudio ligou para ele. Rasalas foi prestativo e confidente. Cláudio havia calculado o tempo para pegar Rasalas no auge da ansiedade, logo antes dele tomar sua costumeira dose de uísque e ir dormir, mas depois de falar com quem quer que ele fosse enviar para pegar Rigel de volta. Cláudio tinha uma boa idéia de quem seria.

Cláudio insistia em chamar Rasalas de Ivan, seu nome real. Rasalas retribuía o favor, e sempre lhe chamava Achernar, seu antigo nome de quando era um membro ativo da Cosmos. Entre eles, mais de trinta anos de um relacionamento que nem a maior das divergências de opinião poderia apagar: conheciam-se desde a fundação da Cosmos, sorriram e brigaram já incontáveis vezes.

Quando Cláudio ligou para Rasalas, este estava literalmente precisando conversar com alguém que pudesse ouvi-lo em tom de igualdade. Por mais que Rasalas tivesse o controle de uma ordem secreta de paranormais e uma fortuna pessoal de dezenas de milhões, ele era, no final das contas, uma serpente velha. E como acontece sempre com todas as serpentes velhas nesse mundo, ele era solitário e Cláudio lhe oferecia o pouco de amizade que Rasalas sempre achou que tivesse.

Cláudio ficou ao telefone com Rasalas por mais de duas horas, conversando sobre Rigel. Sua escapada, a técnica usada, as semelhanças incríveis com o caso Sirius e as expectativas, planos e idéias de Ivan.

Planos que Cláudio pretendia frustrar na íntegra. Mas por enquanto, era preciso aguardar um pouco. Questão de horas.

Quando finalmente desligou o telefone, passava das duas da manhã. Ficou um tempo contemplando a situação, as confirmações que recebera, os desdobramentos, o encaixe perfeito dos acontecimentos dentro dos seus planos. Permitiu-se um momento de satisfação. Ele nunca havia pensado em si como um homem manipulador ou frio. Sabia, consigo mesmo, que o que fazia era em nome de um bem maior. Naquele momento à noite, quando seus planos davam fruto, e se desenrolavam de forma tão suave, não pôde conter um breve sorriso de autosatisfação. O prazer de ter criado uma máquina perfeita, composta de homens e mulheres, estava agora acionada e agindo exatamente como ele havia previsto.

"Este é o prazer dos manipuladores", pensou. E embora soubesse que era um prazer intoxicante e que facilmente levava ao erro, compreendeu por que tanta gente escolhe este como o caminho da autorealização.

Foi interrompido por Isabela, sua filha. A presença da moça retirou o sorriso de seu rosto e lembrou-lhe dos corações envolvidos. Seu ar preocupado lhe mostrou que os outros personagens desta história, que ele conhecia tão bem, não tinham motivo nenhum para sorrir.

— Pai – disse simplesmente. Foi o bastante para Cláudio saber o que ela queria e por que estava acordada àquela hora. A ligação entre eles era bem forte.

— Acabei de falar com Ivan, Isabela. Ele confirmou que Rigel fugiu da Cosmos.

Isabela possuía uma face eternamente jovem. Tinha o corpo esguio delineado por horas diárias de musculação e uma dieta frugal, um passo firme e seguro, que aos quarenta e três anos transmitiam o peso da experiência de mil. Um olhar que apenas o controle total de si mesmo pode sustentar. Sentou-se em uma cadeira de mogno escuro, parte da decoração antiquada do escritório do pai, e assentiu levemente.

— Como ele está?

— Quem, Ivan ou Rigel?

— Os dois, eu acho.

Cláudio levantou-se da poltrona negra levando consigo uma taça de vinho, andou até o lado da filha e sentou-se próximo a ela. Enquanto passava em frente a estante de parede repleta dos mais diversos livros, foi dizendo:

— Ivan está... Bem, ele está Ivan. Ele não mudou, mesmo agora. Mas a fuga de Rigel o abalou mais do que ele pensa. Ele está fugindo da confrontação inevitável com o seu estilo de vida que este incidente trouxe. Vega já percebeu este desdobramento, ele já começou a se questionar, mas Ivan... Ele é um dinossauro de tradição. É por causa disso que ele vai acabar sendo ser quebrado pelo destino. É uma pena mesmo. Ele nunca aprendeu que os líderes têm de ser os mais maleáveis...

Cláudio tomou o vinho de um gole só, e enquanto sentia-o descer, pousou a taça ao seu lado. Olhando a filha que o observava com simplicidade, ponderou o quanto ele sabia sobre os níveis de análise que aquele olhar escondia, e continuou:

— Rigel... Bem, ninguém pode dizer ao certo. Se ele realmente foi bem sucedido em replicar o feito de Sirius e conseguiu apagar sua personalidade e suas memórias, ele deve estar, como Sirius ficou, observando a si mesmo com uma impessoalidade absoluta. Intocável pelos acontecimentos e desprovido de ligações. Mas isso é muito improvável. Rigel é, afinal de contas, uma criança, e não tem o treino de Sirius. Além do mais, Rigel é muito mais telecinético do que telepata, enquanto Sirius é o oposto. O que Sirius fez envolve muito mais a telepatia. Sem o controle telepático que Sirius possuia, Rigel pode muito bem ter causado a si mesmo um dano cerebral irreversível.

Isabela olhou para baixo e ficou nitidamente triste. Entregou-se ao peso e às trevas da dor da perda e permitiu-se um momento de saudades do menino que jamais voltaria para casa. Naquele instante, Rigel, que dormia na cama do quarto de hóspedes de Lúcio, revirou-se no sono, e sentiu-se confortado.

Cláudio continuou:

— Contudo eu não acredito que ele tenha efetivamente causado um dano muito grande a si mesmo.

— Por que? – indagou Isabela. Mantinha o rosto calmo, movia o mínimo de músculos.

— Porque o grau de controle telecinético do garoto é coisa lendária. Além disso, ele fez um bom estudo do cérebro antes de tentar realizar o feito, e se ele é esperto como eu acho que é, testou antes de aplicar a técnica em si mesmo.

— Testou?

— Sim, em um animal. Veja, não sei de nada, estou apenas supondo. As crianças têm aulas de anatomia com animais vivos: sapos, coelhos, gatos... Rigel poderia facilmente ter acesso a um animal e testar nele sua técnica. Seria bem típico do garoto fazer isso. Lembra quando ele fez um gato flutuar até o telhado da Cosmos e todo mundo achou que foi só por brincadeira? E no dia seguinte lá estava ele, no telhado também? Então... É assim que ele é.

Isabela sorriu levemente à menção do ocorrido, ela estava na Cosmos quando Rigel foi encontrado no topo do telhado.

— Aonde ele foi, pai?

Isabela não fez uma pergunta retórica. Ela conhecia os planos do pai, sabia que a aproximação dele de Rigel no último ano tinha sido proposital e compartilhava com ele do seu objetivo. Ela sabia muito bem que Cláudio tinha uma boa idéia de onde Rigel estava.

— Ele foi se encontrar com seu pai.

— Lúcio...

— Ele mesmo.

Ambos ficaram em silêncio por um tempo. Isabela sabia que no dia seguinte partiriam à casa de Lúcio. Para se preparar melhor, ter uma idéia do que encontraria e que precauções deveriam ser tomadas, deixou sua mente vagar. Rapidamente relaxou seu corpo e atenção. Desprendeu seus sentidos do agora, deixando-os soltos como um barco à deriva, auxiliados pelo fato de serem duas da manhã, e concentrou-se em Rigel. Nela e Rigel. No momento do reencontro...

Como era de se esperar, nenhuma imagem lhe veio à mente quando se concentrou no garoto. Era como procurar por algo impossível, apenas sua criatividade interna se manifestava. Mas Isabela tinha outros recursos. Sabia que Rigel estava com seu pai, sobre quem ela e Claudio já tinham várias informações. Concentrou-se, então, em Lúcio, no momento de seu encontro e recebeu uma visão sombria, enevoada, carregada de símbolos de sua própria imaginação, mas decididamente clarividente.

Cláudio, que percebia as mudanças sutis da filha com um olhar que é universal a todos os pais, aguardou até que ela falasse.

— Nós vamos encontrar Rigel... Amanhã... Mas não como pensamos... Alguém vai morrer...

E foi só o que ela disse por um longo tempo. Cláudio observou a filha lutando silenciosamente com as percepções premonitivas, tentando extrair delas algum detalhe. Mas seu envolvimento emocional cegou-a no momento em que viu uma morte no futuro. O próprio Cláudio havia se ajeitado melhor na cadeira, inconscientemente estimulando o tato, reafirmando a vida, esperando chegar à noite do dia seguinte.

O carro com Lesath e Astérope parou em frente à casa em construção onde Rigel havia sido identificado pela última vez. Guiados pela descrição de Vega, ambos encontraram rapidamente o futuro quarto da casa. Eram cinco da manhã.

Lesath e Astérope fizeram uma rápida avaliação do local. Os pedaços do celular que Rigel usou para falar com seu pai ainda estavam espalhados pelo chão. Exceto por este pequeno entulho, a sala não tinha mais nada além de pó.

E nenhuma impressão sobre Rigel.

Lesath sentou-se numa posição confortável no centro do quarto e começou a relaxar. Astérope apoiou-se na janela e esperou. Ela sabia, tão bem quanto Lesath, que seria bem difícil captar alguma impressão residual na sala... Bem mais difícil do que o usual.

Lesath deixou-se vagar por um tempo entre as imagens que lhe apareciam. Viu pedreiros e mestres de obras, engenheiros e arquitetos passando, e soube que a pessoa que comprou a casa era um homem casado com duas filhas e uma amante. Deixou o movimento das imagens da construção levá-lo num vai-e-vem de pensamentos aparentemente desconexos, no meio dos quais ele sabia o que procurava.

Depois de algum tempo... uma flutuação. Uma variação nas imagens, um nada, quase um eco, mas estava ali. Lesath focou-se nesta falha, e assim que direcionou sua atenção, ela sumiu. Deixou-se retornar ao ritmo das imagens vagas, e lá estava a falha novamente, como uma irregularidade no tecido de pensamentos, uma ferida psíquica no éter.

Mais concentração, mais aprofundamento na meditação e quase ele perde a consciência. Um passo a mais no relaxamento, um pouco mais fundo em si mesmo, e Lesath agora estava em uma corda bamba entre o acordar e o dormir. Chegava no máximo do seu treinamento e no limite da sua capacidade.

Mas lá estava seu alvo. Parecia-lhe agora que os pensamentos em sua mente eram gotas de água girando em um halo, um vórtice no centro do qual estava a ferida, um vazio nas impressões psíquicas.

Lesath sabia que apenas uma vontade excepcional e um treinamento direcionado poderiam causar este efeito, ambas qualidades que Rigel possuía. Esse pensamento quase o catapultou em uma corrente de divagações em direção ao sono. Lesath segurou-se com o todo de sua atenção à consciência e voltou a seu centro.

Lentamente e com muita paciência foi dando um passo a mais, uma tentativa a mais de tocar este buraco. A princípio, houve falhas, depois, um breve acerto. Um esboço de sensação se formou em sua mente, e então, como se uma represa tivesse sido rompida, ele foi sugado para dentro do vazio, e preencheu-o com sua própria presença psíquica.

A quilômetros de distância, Rigel, que agora se chamava Alan, acordava em um sobressalto.

Lesath, inesperadamente, disse:

— Eu o vejo.

Astérope, quase dormindo, acordou imediatamente, e passou a dedicar toda sua atenção ao parceiro que meditava.

Minutos passaram. Vários minutos. Lesath não dizia mais nada. Astérope aguardava, quando de súbito, ouviu sua voz novamente.

— Ele está deitado... Nesta sala... Estou vendo... No momento em que ele apagou suas memórias... Ele fez muito bem... Eu não consigo vê-lo depois disso... Rigel... Está morto... Ele... É outra pessoa agora...

Astérope arriscou um palpite:

— Veja ao seu redor, Lesath. Veja se há algo na sala que você possa usar.

Silêncio. Por muito tempo Astérope não soube se havia mais atrapalhado do que ajudado Lesath com a sugestão, contudo, tinha de dizer algo. Eram quase seis horas e os trabalhadores da obra chegariam a qualquer momento.

— Há algo... Há uma foto...– Lesath disse com a voz lânguida.

Astérope controlou-se para não atrapalhar Lesath com a esperança renovada que a atingiu, mas pelo leve franzir de testa que ele deu, soube que o havia distraído. Embora a essas alturas, sabia que ele era mais do que capaz de retomar o caminho. Esperou.

Passava das seis horas. Os minutos escorriam: quinze... vinte... trinta... quando Lesath disse:

— Shopping Caramaggio... Praça central... Nove da noite.

Astérope ficou sem entender o que isso significava por alguns instantes, até que Lesath respondeu ao seu pensamento:

— Estava escrito na foto.

E abriu os olhos, inspirando longamente, trazendo a si mesmo de volta a um estado acordado, alerta. Todos os seus membros estavam anestesiados. Começavam a formigar lentamente conforme ele voltava a si. Precisou da ajuda de Astérope para se erguer.

Quando Lesath estava novamente de pé, Astérope acariciou-lhe a face e deu-lhe um beijo um pouco mais longo do que o normal. Sua resposta foi um sorriso e nada mais.

Nenhum shopping da cidade estaria aberto às sete horas, mas isso apenas ajudou Lesath e Astérope. Rigel havia se encontrado com seu pai na praça central na noite anterior, e até aquele momento, a contaminação do ambiente com outras impressões psíquicas ainda era bem baixa. Quando o shopping abrisse, uma retrocognição, a visão do passado, seria quase impossível. Lesath, que tinha uma pequena capacidade telecinética, abriu uma porta de serviço do Shopping e os dois entraram.

Dentre todos os feitos clarividentes, um dos mais difíceis era a identificação de um evento específico em um local público. Tais locais são freqüentados por tantas pessoas, e tão rapidamente, que o ambiente fica literalmente "contaminado" com as mais diferentes impressões psíquicas. Basta que uma delas seja um pouco mais forte, como um assalto, um acidente, ou qualquer coisa mais intensa, para atrair irremediavelmente os pensamentos do vidente para aquele evento, ofuscando-o dos acontecimentos triviais do local.

Lesath foi casualmente ajudado por duas coisas que não contava. A primeira era que naquele lugar ainda não havia ocorrido nenhum evento emocionalmente mais forte. Segundo, que o pai de Rigel era uma pessoa com grande potencial paranormal latente, e, como tal, tinha uma mente mais poderosa que o normal, deixando impressões psíquicas mais fortes nos locais por onde passava.

Ainda assim, com toda esta facilidade, Lesath teve muita dificuldade para localizar naquela praça a imagem mental do encontro entre Rigel e seu pai. Enquanto ficava sentado em um banco de madeira não muito longe de onde Lúcio se sentou na noite anterior, Astérope teve de, por três vezes, usar sua capacidade telepática para evitar as suspeitas dos guardas que circundavam pelo shopping àquela hora. Cada minuto que Lesath demorava era um minuto mais próximo à hora de abrirem as lojas, mais perto do momento em que empregados e lojistas chegariam ao trabalho, contaminando irremediavelmente o ambiente.

Mas, como sempre acontecia, Lesath começou a falar. Astérope sempre dizia: dê a Lesath tempo o bastante e ele encontra qualquer coisa. E ele disse, muito lentamente, com grande pausa entre cada frase:

— Eu os vejo... Rigel está totalmente oculto... Quando eu tento vê-lo... Ele desaparece... Ele está além de mim... Mas há outra pessoa... Um homem... Eles estão conversando... O homem está levando ele embora... Ele é calvo... Cinqüenta, sessenta anos... É seu pai... Rigel está falando com seu pai... Um nome... Lúcio... Lúcio Costa... Pessoa forte... Mas tem sensibilidade... Ele é muito forte... Ele poderia ser muito forte... Polícia... Ele é da polícia... Não... Foi... Foi da polícia...

Lesath inspirou longamente, trazendo-se de volta à realidade física, e quando terminou a inspiração olhou para Astérope e concluiu desnecessariamente:

— Rigel está com seu pai biológico.

Astérope ergueu um largo sorriso, retribuído por Lesath com um pequeno levantar do canto esquerdo da boca. Animada, já estava ligando para a Cosmos e pedindo a Vega, quem acordaria, que lhe indicasse o endereço de Lúcio.

Capítulo VII

O primeiro café da manhã de Alan

O telefone tocou e uma mão se estendeu para atendê-lo. Uma mão bem cuidada, as unhas caprichosamente tratadas na manicure e um anel de formatura no dedo.

Amanda Calas era prática e cética, acreditando sempre e apenas no que pudesse ver e comprovar. Mesmo assim, tinha uma intuição aguda, com a qual sempre entrava em conflito, e acabava dando ouvidos no final. Assim era Amanda, incapaz de seguir sua intuição enquanto não tivesse achado um motivo racional para isso, mas, sempre que tinha uma intuição, começava imediatamente a procurar um motivo para segui-la.

E em sua profissão, psicóloga forense, a intuição já a havia ajudado em mais casos do que podia contar.

Era essa mesma característica que mais a atraiu em Lúcio, e o motivo principal pelo qual eles começaram a conversar, discutir, trocar idéias, se conhecer, e por fim namorar: um conceito com o qual ela ainda não estava totalmente confortável. "Na minha idade... eu deveria ter um amante, namoro é coisa de adolescente". Ah, mas Lúcio era tão mais do que um amante para ela e o título ficou. Contudo, este era um motivo eterno para que ela ficasse repensando a situação e desejando o dia em que ela evoluísse para a alcunha de "noivos". "Afinal, o que nos impede?" Mas a vida nunca é tão simples assim no começo do século vinte e um...

Assim, quando Amanda atendeu o telefone, não se espantou de ouvir Lúcio do outro lado.

— Meu Querido, ainda bem que ligou, estava justamente pensando em você!

— Oi, Amor.

Amanda ainda estava enamorada dos seus próprios pensamentos, e novamente capturada na eterna luta por encontrar um termo que definisse sua relação com aquele homem. Não percebeu, a princípio, o nervosismo na sua voz. Justo ela, uma pessoa tão perspicaz...

— Oi, Querido. Tudo bem? Sabe, lembra que a gente tinha combinado de sair hoje à tarde para ver aquela exposição do Degas? Então, eu tinha esquecido completamente, mas hoje eu também tinha combinado com a minha mãe...

— Amanda...

E aí sim, ela percebeu que tinha algo errado. Sua mudança foi total, preparada para o pior.

— Lúcio... O que foi? Está tudo bem?

— Amanda... Eu...

Uma pausa. Amanda já havia ouvido várias vezes aquele tom de voz em Lúcio para saber que, o que ele precisava naquele momento, era tempo. E tempo ela lhe deu.

— Amanda... Você se lembra de Alan?

Amanda franziu a testa. "Alan? Seu filho falecido?" Amanda já conhecia Lúcio quando houve o acidente que lhe tirou esposa e filho, e o viu passar por todas as fases típicas de uma crise até chegar à aceitação, anos atrás. "Por que trazer este assunto à tona agora? E por que este tom na voz?"

— Alan... Sim, seu filho. O que tem ele, Lúcio?

Ela ouviu a inspiração do outro lado do telefone e podia ver exatamente como Lúcio estava naquele momento: sentado em seu sofá, descorçoado, tomando fôlego para criar coragem.

— Amanda, ontem eu encontrei um garoto que me disse que é Alan.

— Como é? – Isso soou mais ansioso, surpreso e atônito do que ela gostaria. Era uma tradução fiel da sua reação.

— Ontem eu encontrei um garoto que me disse que é Alan.

Lúcio repetiu a frase exatamente como havia dito pela primeira vez. Amanda soube na hora, o tamanho do grau de controle que ele estava exercendo sobre si mesmo.

— Lúcio... Querido, calma! Conta direitinho essa história para mim.

— Ontem à noite eu estava em casa e recebi um telefonema. Era uma criança, um menino. Ele disse que era meu filho e marcou comigo um encontro no shopping. Eu fui e... Bem... Eu o encontrei, Amanda.

— Onde ele está agora, esse menino?

— Dormindo no antigo quarto de Alan.

— E como ele chegou até você? Como sabe que ele é mesmo Alan? Lúcio, Alan está morto!

— Amanda... Ele nunca foi identificado.

Amanda entendeu naquele instante toda a sensação que Lúcio teve ao receber o telefonema na noite passada.

— Mas o que aconteceu? Onde ele esteve por todo esse tempo?

— Ele não sabe, Amanda Ele não se lembra.

— Ele não se lembra? – Amanda perguntou incrédula.

— Não – foi a simples resposta.

— Você encontrou um moleque que disse que é o seu filho, morto a nove anos atrás, e não se lembra de nada do que aconteceu, mas sabe que você, de quem ele foi retirado aos três anos de idade, veja bem: três anos, é seu pai?

— É.

— Você considerou a hipótese de que ele não seja seu filho e alguém esteja tentando se aproveitar de você?

— Sim.

— E?

— Eu não sei, Amanda... Ele... Ele é muito parecido com Alan, muito parecido mesmo. Caramba, é igualzinho! Até a voz é a mesma! Eu não sei como, Amanda, mas ele é o meu filho!

A voz de Lúcio tremeu na última frase e Amanda sentiu-o perder o controle por alguns momentos. Soube, então, o que ele realmente queria. Lúcio, seu homem, seu amado protetor, precisava dela. Ele havia ligado para pedir-lhe ajuda. Ele era um investigador aposentado; ela, uma psicóloga. Quem melhor para tratar de um garoto com amnésia? E quem melhor do que ela para tratar dele? Ele, quem mais precisava dela no momento, quando sempre antes foi ela quem precisou dele. Essa súbita inversão de papéis a emocionou:

— Está bem, Lúcio. Olha, eu acabei de acordar. Vou tomar um banho e ir para sua casa, tudo bem?

— Certo.

— Até logo, Amor.

— Até.

E ela ouviu o som do telefone desligando.

Amanda não tomou banho logo em seguida. Por um momento ficou tentando ver algum nexo na situação, como tentaria por muito tempo ainda. Até mesmo depois que Lúcio lhe contou a história toda, ela ainda procurou achar alguma coerência naquilo, mas nunca encontrou. E parte do seu desconforto no momento era porque, inteligente como era, intuía que este assunto seria a própria causa de todos os seus desentendimentos futuros.

Até que, anos mais tarde, seu amor fosse corroído pela desavença e da atração que sentiam hoje, nada mais sobrasse além de uma promessa não cumprida... Um sentimento não realizado.

Lúcio colocou o telefone no gancho e esperou um pouco.

Era cedo, bem cedo. Ele dormiu mal à noite, isto quando conseguiu dormir. Alan, em contrapartida, trocou pouco mais de três palavras com ele e dormiu em seguida, exausto. Olhou ao redor, recompôs-se lentamente e foi à cozinha preparar um desjejum para si e para... Para...

Para seu filho.

Seu filho... "Como é possível?", Lúcio afastou as dúvidas da mente com profissionalismo pragmático e dedicou sua atenção à tarefa em questão: preparar um café da manhã.

Era a primeira vez que ele preparava um café da manhã para seu filho. Antes, sempre fora sua esposa quem o fizera...

"É, inspetor...", suspirou, "Essa vida dá voltas...". E com outro suspiro, passou manteiga no pão.

Sua casa era razoavelmente grande. Pelo menos, grande demais para uma pessoa só, o que nunca o incomodou na verdade. Espaço, ou a falta dele, nunca foram importantes para Lúcio. No final das contas, ele morava em uma bela casa que havia comprado com sua esposa, decorada inteiramente por ela. A frente era modesta, uma simples fachada. Quem olhasse de fora não a imaginaria tão grande por dentro, estendendo-se quarteirão adentro como uma imensa salsicha, até parar no fundo em um beco sem saída, onde Lúcio tinha uma pequena garagem onde deixava seu carro. Era por lá, na verdade, que entrava e saía.

Na noite passada, Alan fora dolorosamente lacônico. Apenas respondeu a Lúcio, e ainda assim, à maioria das perguntas, dizia: "Eu não lembro".

Lúcio formou uma breve imagem mental da história: Alan havia sido raptado por alguém de quem ele não se lembrava e levado a um lugar que ele não sabia onde ficava, onde fez não se sabe o que por nove anos, e escapou ontem. Ao escapar, ele tinha em mãos uma foto dele com seu pai em um parque de diversões. Durante a escapada, houve algum acidente, ou talvez ele tenha escapado por causa do acidente, e no final das contas ele perdeu a memória.

Ele tinha de admitir que não era uma imagem mental das mais claras... Mas era um ponto de partida.

A essas alturas das suas elucubrações, o café da manhã estava pronto, e como se avisado por um mordomo invisível, Lúcio viu Alan descendo as escadas. Tinha tomado banho e colocado novamente a roupa que usava no dia anterior, uma calça e jaqueta de jeans sujos e calçava um tênis caro, destoando da sua falta de limpeza. Alan desceu as escadas e olhou para Lúcio com um dos olhares mais desprovidos de intenção que já tinha visto. O café estava posto à sua frente, mas ele simplesmente não se mexeu.

— Venha comer, Alan – disse Lúcio. E como se o menino fosse um robô subitamente ligado, ele moveu-se para a mesa, sentou-se e começou a comer. A cada instante convencia-se mais que aquele garoto era mesmo seu filho. A semelhança era total.

Alan ergueu a cabeça para Lúcio enquanto comia, como se não tivesse entendido algo que ele disse, e falou:

— Você não acredita que eu sou seu filho?

Lúcio ficou, literalmente, sem palavras. Alan apenas o olhava.

— Por que você está confuso? – Alan perguntou novamente, como se estivesse investigando um formigueiro com uma varinha.

Lúcio saiu da situação como sabia: reverteu a conversa para Alan.

— Coma, Alan – disse, e Alan deu de ombros e continuou a comer, como se o que tivesse acabado de acontecer fosse extremamente trivial.

Mais tarde no café da manhã, quando o grosso da fome tinha passado e só alguns pães com manteiga e sanduíches frios haviam sobrado na mesa, Lúcio perguntou:

— Alan... Ontem você me disse que foi levado de mim por umas pessoas...

Alan assentiu com a cabeça sem olhar para ele enquanto comia.

— Mas você não se lembra quem eles são...

Outra afirmativa de Alan.

— Bom, Alan, como você sabe que foi levado, se não lembra quem o levou, ou aonde você foi, ou o que fez... Enfim, de nada?

Alan ergueu os olhos e ficou fitando-o um breve instante, como se a resposta fosse o mais simples possível. Por fim, quando percebeu que seu pai realmente não sabia a resposta, disse:

— Porque eu vi.

— Você "viu"?

— É.

— Viu como? Onde?

— Aqui – apontou para a própria cabeça.

— Na sua cabeça... Na sua imaginação?

Alan apenas assentiu.

— Então você imaginou essas pessoas, elas não são reais!

— Elas são reais! Eu vi!

— Você imaginou!

— Sim!

"Como assim?". O garoto estava lhe dizendo, literalmente, que tudo o que ele imaginava era real... Lúcio desejou imensamente que Amanda já tivesse chegado, mas na falta dela, resolveu seguir em frente sozinho.

— Alan... Como você sabe que a sua imaginação era real? Como você sabe que não era uma invenção sua?

Alan suspirou. Lúcio parecia estar anos-luz de entender uma palavra do que ele havia lhe dito, e respondeu como se estivesse falando com uma criança de três anos:

— Porque eu sei! Eu sei! Eu sei que esse prato é branco. Eu sei que a parede é bege, eu sei que estou acordado, e não estou dormindo, eu sei, pai!

Que foi, para Lúcio, quase a mesma coisa que não dizer nada. Lúcio tentou outra abordagem.

— Pois bem, Alan, o que é que você sabe?

E Lúcio presenciou algo ligeiramente estranho. Naquele mesmo instante, Alan abandonou a afobação juvenil que sentia e relaxou na cadeira, seus olhos perderam o foco por um instante, e ele largou o sanduíche que comia. Lentamente, começou a falar, o tempo todo fitando Lúcio com um olhar penetrante que absolutamente não tinha nada a ver com uma criança de qualquer idade.

— Eu sei que você é meu pai... Sei que você ligou para uma mulher ruiva... Sei que você gosta muito dela, mas não vai casar porque ela não vai saber as mesmas coisas que você. Sei que você trabalhou para a polícia... E sei que vai me ajudar... E que eu vou lembrar quem eu sou logo.

Lúcio ficou olhando para seu filho por um tempo, absorvendo o que ele havia dito. Suspeitando, sem acreditar no que estava acontecendo. Antes que ele pudesse chegar a qualquer conclusão, antes que ele pudesse fazer outra pergunta, Alan mudou radicalmente de expressão, do calmo ao apavorado, e disse ofegante:

— Pai, nós temos que ir. Eles estão aqui!

E saiu correndo da cadeira, puxando Lúcio pela manga para o interior da casa, em direção à garagem.

— Alan, calma! Quem está aqui?

— Eles, pai! Eles chegaram, os homens que querem me pegar! Eles estão...

Sua frase foi cortada. Como se um grande som o assustasse, embora nenhum houvesse soado, ou como se alguém o chamasse, embora ele não reconhecesse o nome, Alan virou a cabeça subitamente em direção à janela que dava ao jardim frontal. Lúcio, atônito com a reação do filho, seguiu o seu olhar confuso.

Em seu jardim caiu um homem. Não caiu exatamente, pulou. Sim, um homem havia pulado seu muro com apenas um salto e caído no seu jardim. Os olhos de Lúcio não podiam aumentar mais naquele instante pela pura impossibilidade do feito. "Meu Deus, meu muro tem três metros de altura e tem arame farpado!". Estava boquiaberto.

Alan, mais composto, puxava com toda sua força o braço de Lúcio. O efeito era mínimo no pesado investigador, mas depois de alguns segundos de pressão, Lúcio sentiu como se alguém tivesse colocado uma mão imensa por dentro do seu tórax e empurrasse seus ossos para o fundo da casa. E tal como sentiu, foi arremessado sala adentro por uma força invisível, indo cair no meio do corredor, enquanto Alan passava apavorado por ele.

Agora o susto dava lugar ao terror. "Mas quem são essas pessoas?", Lúcio levantou-se e, como bom general que reconhece um inimigo superior, pôs-se a correr. Laçou Alan com um braço e correu pela casa até a garagem de trás.

Quando entrou na garagem ouviu a porta da frente se abrindo. Notou que ela não foi arrombada nem escancarada: simplesmente abriu, como se eles tivessem a chave. "Mas eles não tem a chave! Ou tem?"

Entrou no carro com Alan enquanto a garagem automática abria. No momento em que saiu cantando pneu, apareceu na garagem o homem que ele viu pulando a cerca, e Lúcio sentiu, por alguns segundos, o alívio da escapada.

Mas estes segundos, para seu horror, foram bem poucos. Pelo retrovisor do carro que acelerava, Lúcio viu o impensável: aquele homem havia partido em direção a seu carro numa corrida a pé! Lúcio estava agora a 60 quilômetros por hora, mas o homem estava chegando perto.

— Pela madrugada, quem são essas pessoas? – indagou abismado.

Alan pulara no banco traseiro e observava com medo irracional o homem se aproximando. Ele não se lembrava daquela pessoa, não sabia do que ela era capaz, mas sentia-se compelido a fugir dele como se sua vida dependesse disso. Instintivamente, sabia que dependia.

Lúcio ia a 100 quilômetros por hora. Na pequena rua do bairro, isso era quase um decreto de acidente, e o homem continuava chegando perto! Do fundo de sua casa saía outra pessoa, uma mulher. "O que ela tem em mãos?", era difícil pra ele ver... Mas sim, ela estava carregando... "Meu extintor de incêndio?"

O acúmulo de fatos improváveis ao mesmo tempo foi tão grande que Lúcio transcendeu aquele estado de confusão e ligou seu cérebro em modo policial, "pense depois, fuja agora. Isso é o importante". À sua frente, o fim da rua se aproximava rapidamente, no encontro com uma outra via secundária. O homem ainda estava chegando perto. A mulher também corria, atrás dele, mas estava correndo normalmente. "Quando eu fizer a curva... ele irá me alcançar".

A curva chegou. O carro de Lúcio derrapou na pista e o homem correndo preparou-se para pular sobre ele. Lúcio, no entanto, puxou o freio de mão enquanto girava toda a direção e o carro deu uma volta completa na rua, não indo nem para a direita, como o homem havia previsto, nem para a esquerda, mas parando no meio do encontro das ruas. O homem, que, achando que o carro faria a curva saltou para cair sobre o capô do carro, deu de cara no chão. Rapidamente virou uma cambalhota e ergueu-se em um salto olímpico.

Ficaram cara a cara, ele e o carro de Lúcio.

Ao vê-lo, o homem soube muito bem o que Lúcio ia fazer.

Acelerando o carro em sua direção, pensou "eu vou matar este desgraçado!"

Mas o homem pulou uma altura impensável, tocou com as mãos o capô do seu carro e caiu logo atrás dele, enquanto Lúcio acelerava pelo local onde ele estivera.

O homem respirava pesadamente, Lúcio via pelo retrovisor, mas mesmo assim começou uma nova corrida. Deu um passo, dois passos... E, sem aviso, causa, ou motivo aparente, todas as suas roupas pegaram fogo. Ele tropeçou no chão e ficou estrebuchando enquanto a mulher chegava e, usando o extintor, apagou o fogo.

"Como ela sabia que precisaria dele?"

Tudo isso Lúcio viu pelo retrovisor do seu carro. Não podia imaginar que a situação toda o havia deixado mais ofegante e cansado do que àquele homem e àquela mulher.

Haviam escapado, ele e Alan. Quando mais tarde Lúcio fez um retorno e entrou na autoestrada em uma velocidade muito além da permitida, não se importando nem um pouco com isso, e acelerou até quando podia, só então permitiu-se relaxar e descansar um pouco.

E aí sim, ele se apavorou com o que tinha acontecido.

Alan sentou-se no banco da frente, apertando o cinto enquanto contemplava espantado o que havia acabado de acontecer. Com o conhecimento que, apesar de lhe parecer normal, também sabia ser especialmente incomum, refletiu:

"Eu toquei fogo na roupa daquele homem".

Em sua mente, Alan revivia os momentos daquela perseguição como se estivessem ocorrendo novamente. Revisitou suas sensações e investigou o que sentia, identificando claramente o que ele havia feito.

Quando o homem saltou por cima do carro de seu pai, Alan estava completamente concentrado nele, direcionando toda a sua atenção no desejo de que ele o deixasse em paz. Atipicamente, via em sua mente apenas àquele homem, e sentia apenas esse desejo, desligado-se voluntariamente das outras percepções.

A sensação durou pouco, bem pouco, mas tempo o bastante para que Alan a identificasse, e logo depois, como se fosse o movimento natural das coisas e ele tivesse feito isso a vida inteira, Alan direcionou tudo o que podia àquele homem, esqueceu-se de si, e, ofegante, jogou todo o seu nervosismo em direção a ele.

O resultado foi, literalmente, físico. Sua ansiedade era tanta que ele incinerou aquele homem. Alan podia, agora, lembrar-se da percepção secundária da energia ao redor do homem aumentando violentamente, do calor em torno das suas roupas crescendo, e da própria sensação das suas roupas, como se elas estivessem gritando, sofrendo, e era Alan quem as torturava.

Ainda trancado nas imagens e sensações daquele momento, o menino lembrou-se da reação do seu oponente. A energia que ele havia direcionado estava intencionada a ele. Todo ele, e não só a suas roupas. Em um pequeno instante, Alan sentiu a surpresa do seu alvo. Deliciou-se por tê-lo surpreendido. Um caçador que finalmente captura a presa. Encorajado, usou o momento para ampliar o fluxo de energia. Mas o homem era treinado e calculista. Logo após a surpresa, ele também direcionou sua energia, embora de outra forma: protegendo-se do ataque de Alan. Agora, lembrando-se, pareceu ao garoto que aquele homem havia se voltado para si, como quem se tranca num quarto, e ao fazê-lo, escapou ao seu fluxo de energia direcionado, deixando-o escorrer ao seu redor.

"Eu poderia fazer isso... eu poderia me proteger assim também". E com sua mente, tentou criar em si mesmo o estado, observando seus sentimentos e percepções enquanto fazia, mas percebeu logo que precisava de um lugar mais calmo para fazê-lo, "um carro em movimento não é o melhor lugar para testar isso".

Alan observou todos esses acontecimentos, investigou e relembrou em silêncio, parado, avulso à estrada que transcorria ao seu redor. Usava de uma capacidade autoanalítica que ele não podia nem supor ser muito superior à do homem comum, de uma pessoa normal.

Depois de um tempo, satisfeito com o que havia visto, direcionou sua atenção a outras coisas a seu redor. A primeira que percebeu foi a ansiedade, ainda inconfundível, de seu pai.

Alan olhou para Lúcio e passou a observá-lo como se estivesse estudando um espécime em laboratório. Sentia a ansiedade do pai como se fosse uma maré revolta e ele o barco. Logo se pegou jogando um jogo mental contra a ansiedade de Lúcio, vendo até onde podia se distrair sem que ela começasse a afetá-lo.

Mas seu pai não conseguia, nem estava interessado em manter-se ansioso por muito tempo. Quando Alan sentiu que ele começava a se acalmar, desistiu da brincadeira. Desejou então, saber o que ele estava pensando. Mas a mente de Lúcio, como a de todas as pessoas, exceto as mais íntimas, aparecia a ele como uma voz por trás de um abafador; era perceptível, mas indefinível.

Alan soube, naquela hora, que pela postura de Lúcio, pela forma como ele estava lidando com sua ansiedade, pelas coisas que ele lhe havia dito e feito antes, que era óbvio que seu pai não podia, como ele, colocar fogo nas coisas, ou até mesmo perceber a emoção das pessoas a seu redor, ou conhecer as coisas apenas pensando nelas. Aquele homem que os perseguia sabia fazer estas coisas e outras mais, e Alan entendeu que este homem queria levá-lo a um lugar onde mais pessoas sabiam fazer isso, e que enquanto ficasse com seu pai, estaria ao lado de alguém que não sabia, não via e não entendia nenhuma delas.

Quando o menino pensou nisso, e soube que era verdade, o olhar que ele direcionava a seu pai, sustentado por longos minutos, mudou essencialmente. Alan imaginou como seria a vida sem essas coisas, essas percepções, sem usar esta energia, e imaginou-se num lugar frio, isolado do resto do mundo, eternamente só.

Lúcio notou a mudança no filho. Notou seu olhar, e não o conhecendo, não o compreendeu.

Alan, querendo sair daquela suposição de uma vida infernal, quebrou o silêncio e disse, orgulhoso:

— Fui eu quem queimou aquele homem, viu?

A resposta de Lúcio foi quase imediata.

— Como é?

E Alan respondeu no mesmo tom, com a mesma voz:

— Fui eu quem queimou aquele homem.

— Você o quê? Você o queimou? Quer dizer, foi você que colocou fogo na roupa dele?

Alan apenas fez que sim com a cabeça.

— Mas como? Você estava comigo o tempo todo – Lúcio estava mais querendo se convencer do que entender a situação. Alan percebeu e disse:

— Eu posso fazer isso, pai.

Lúcio passou a alternar um olhar incrédulo entre o filho e a estrada. O garoto, por sua vez, abriu o porta-luvas e começou a procurar por algo lá dentro. Satisfez-se quando retirou uma caixa de lenços de papel. Pegou um e olhou fixamente para ele.

Novamente, de forma quase profissional, Alan concentrou-se no lenço de papel. Observou-o como se ele fosse a única coisa que existisse, e sem que se desse conta, acelerou a respiração, semicerrou os olhos. Pareceu a Lúcio que ele estava sob grande tensão e imenso esforço. Outra vez ele sentiu um ponto, um momento no qual lhe pareceu que ele fluía para o lenço de papel como água para o ralo, sugado, chamado irresistivelmente. Alan jogou tudo o que tinha contra o pobre lenço, e antes que ele pudesse se dar conta, muito mais rapidamente que as roupas daquele homem, o lenço inteiro se acendeu em chamas.

Por um breve instante Alan sentiu algo mais, uma sensação que ele, quando era Rigel, havia sentido tantas vezes, e com quem nunca pode compartilhar. No momento do maior fluxo de energia para o objeto, sentia-se uno com seu alvo, como se seu corpo se expandisse e seu coração se abrisse em uma ponte pelo infinito até aquele objeto. Era como se entre ele e o seu alvo, fluísse uma corrente de matéria bruta; a essência da construção das coisas do universo; o pó das estrelas. Uma sensação exultante, breve, brevíssima, mas imensamente satisfatória, de expansão de si mesmo, ampliação do próprio corpo para limites além do possível.

Mas tinha em suas mãos um lenço pegando fogo, e como um reflexo inato àquela situação, inspirou de volta o vento que soprava de si mesmo. Chamou rapidamente para dentro dele o ar ao seu redor, como um puxar de fôlego feito com a imaginação. Naquele instante o lenço apagou-se, e só o que sobrou foram cinzas sujando o banco de Lúcio.

Lúcio, boquiaberto, ficou um bom tempo sem pensar em uma palavra, apenas assimilando o que havia visto. Primeiro aceitando a possibilidade, depois aceitando a possibilidade de acontecer com ele, e depois, por fim, aceitando que havia acontecido.

E conforme ele voltava lentamente ao pleno exercício de suas faculdades mentais, as coisas começaram a fazer sentido. Começou a juntar os poucos pedaços que tinha da situação, e embora não compreendesse tudo ainda, sabia, ao menos, porque aquelas pessoas estavam atrás do seu filho e porque ele havia escapado.

Capítulo VIII

As respostas de Amanda

Astérope deixou Lesath cair pesadamente em um sofá na sala de Lúcio. O seu estado era lamentável, mas o maior dano havia sido causado nas suas roupas. Astérope, pressentindo a necessidade de sair da casa de Lúcio com o extintor de incêndio que encontrou na garagem, socorreu Lesath a tempo de impedir que, o que quer que Rigel tivesse feito, lhe machucasse de forma mais grave.

O que mais lhe espantou, porém, foi o fato de Rigel ter conseguido atear fogo nas roupas de Lesath de dentro um carro em movimento, em meio a uma perseguição, e em questão de segundos. Como tantas pessoas na Cosmos, Astérope havia visto Rigel fazer seus truques pirocinéticos várias vezes, mas ele sempre precisava de concentração intensa. Demorava uns trinta segundos para conseguir algum efeito. Toda a perseguição não devia ter demorado mais do que vinte segundos.

— Ele está mais forte – disse em voz alta para si mesma.

Lesath, caído no sofá, revirando-se convulsivamente enquanto lutava para abafar a dor com sua atenção, respondeu meio resmungando, colocando metade da intenção da sua fala em um gemido de autopiedade:

— O quê?

Astérope começou a andar pela sala observando o local, memorizando habilmente os detalhes enquanto respondia.

— Rigel. Ele está mais forte. Alguma coisa que ele fez ampliou sua capacidade telecinética, ou a situação foi tão tensa que ele puxou uma potência que nós não conhecíamos antes. Eu nunca o vi responder a uma ameaça tão rapidamente, e com resposta telecinética.

Lesath resmungou consentindo. Astérope continuou falando, e uma parte da consciência de Lesath anotou o fato de que aquela mulher seria capaz de continuar falando mesmo se estivesse correndo do Vesúvio em erupção. Teve de abandonar logo essa linha de pensamento para se concentrar em afastar de si a sensação horrível de ser queimado vivo. E Astérope continuava:

— Talvez ele nunca tenha sido realmente testado no limite, mas eu duvido. A reação dele foi bastante rápida, Lesath, e muito bem direcionada. Quase como a nossa, quando estamos em missão. Aquele garoto usou a pirocinese contra você como se fosse parte da sua natureza. Esse é um treino que ele ainda não teve. Só os agentes tem.

— A adrenalina é o melhor instrutor – Lesath resmungou. Estava sentado agora, com a cabeça apoiada pelas mãos, respirando controladamente, direcionando toda a sua atenção para a supressão da dor – uma técnica que ele havia repetido várias vezes, e um treinamento pelo qual ele agora era imensamente grato.

Astérope deu-lhe uma breve olhada por cima do ombro.

— Les, se não se importar, eu vou dar uma olhada por aí enquanto você se recupera.

Lesath acenou com a mão rapidamente indicando seu consentimento e logo voltou a se concentrar.

Astérope deu uma volta pela casa e tomou seu tempo observando cada cômodo, procurando neles uma indicação de onde Lúcio poderia ter ido. Com Lesath ferido, ela sabia que sua capacidade clarividente ficaria seriamente comprometida. Era difícil manter-se no estado de relaxamento necessário para uma visão remota quando todo o seu corpo gritava de dor, ou quando a maior parte da sua atenção estava voltada justamente à supressão desta dor.

    A certa altura, ela voltou à sala onde havia deixado Lesath, que estava agora sentado no chão em posição de lótus, e passou-lhe um pedaço de papel.

    — Veja isso – disse-lhe.

    Lesath pegou lentamente o papel e viu que era uma fotografia. Parou um instante para ativar a memória e lembrar-se onde ele a viu antes, e logo disse:

    — Esta é uma das fotos que eu tirei enquanto trabalhava na captura de Rigel. Isso foi nove anos atrás.

    — Boa memória, Les.

    Lesath assentiu.

    — Essa foto explica algumas coisas. Se ele tinha isso com ele, não é de espantar que soubesse aonde ir e com quem falar, ou como encontrar seu pai. Também mostra que isso é algo que estava na sua cabeça há um bom tempo.

    — Sim, Les, mas eu estou mais interessada em outro aspecto da foto.

    Lesath olhou-a perguntando silenciosamente qual era este outro aspecto. Astérope pegou a foto de suas mãos e ele compreendeu:

    — Como é que Rigel conseguiu por as mãos em uma foto destas?

    — Isso, Les. Mais especificamente, quem foi que lhe entregou essa foto? Ninguém fora da Cosmos poderia tê-lo feito, porque ela foi tirada por você e para uma missão interna nossa.

    — Você acha que tem um traidor na Cosmos?

    — Isso não seria uma indicação forte o bastante?

    — É... Não há como negar que as suspeitas que a foto levanta são bastante graves... Ou temos um traidor, ou uma quebra de segurança tão grave que permitiu a Rigel descobrir sobre seu pai sem que desconfiássemos.

— Isso não aconteceu, Lesath. Se Rigel tivesse descoberto sobre seu pai, ele não precisaria de uma foto, sua memória é perfeita, não?

— Sim, mas acontece que ele destruiu sua memória. Ele apagou suas lembranças e deixou a foto ao seu lado, com este endereço marcado atrás para saber aonde ir ao acordar...

Astérope ergueu levemente as sobrancelhas, notando pela primeira vez o endereço escrito com as palavras exatas que Vega tinha captado na casa em construção. Não querendo conter uma expressão de admiração por Rigel, disse:

— Garoto esperto...

Lesath ergueu-se lentamente e foi auxiliado por Astérope.

— Eu vou subir e ver se Lúcio tem alguma roupa que me caiba, estas não servem para mais nada. O que a gente precisa agora...

E neste momento o portão de entrada abriu.

Astérope e Lesath se entreolharam rapidamente: Uma visita! Eles viram pela janela, uma mulher entrar pelo jardim da casa.

Lesath virou-se a Astérope e disse rapidamente:

— Cuida dela! Eu estou tendo que usar toda minha concentração para lidar com meus ferimentos.

Astérope deixou Lesath apoiando-se ao encosto de um sofá e foi à porta da frente. Conforme andava, já desfocava o olhar e desconcentrava parte da sua mente, deixando-se vagar, entrando no estado necessário para estabelecer uma ligação telepática.

Chegou no exato momento em que a porta abria, e a mulher, ao dar de cara com Astérope, deu um salto para trás e quase caiu. Astérope aproveitou a surpresa para começar:

— Oi! Nossa... Meu Deus! Desculpe tê-la assustado. Você está bem? Desculpe, deixe-me ajudá-la, sim? Eu deveria ter falado quando a vi entrando, mas esqueci. Eu sou tão esquecida às vezes. Você está bem?

A mulher, mais confusa ainda pela abordagem amigável, foi impelida pela situação a responder.

— Estou, estou... Não é nada... Mas...

— Ai que bom, olha você não sabe, mas às vezes eu assusto até meu marido. Tem certeza que está tudo bem? Parece que você bateu as costas – interrompeu Astérope.

— Não, eu estou bem, de verdade!

Astérope fez menção de examinar as costas da mulher, mas esta foi mais rápida, e com uma ligeira irritação, afastou-a. Astérope, que estava em parte atenta para as flutuações de intenção dela, começava a discernir algumas imagens, e, pegando uma pela goela, disse:

— Amanda!

A mulher imediatamente focou sua atenção na telepata, e Astérope soube que tinha descoberto o seu nome. Prosseguiu então, tentando descobrir algo:

— Que bom que você veio, Amanda. Sabe, Lúcio me disse que você apareceria, mas teve que sair de repente. Ele volta logo, logo. Por favor, entre.

Pela expressão de Amanda quando Astérope disse "Por favor, entre", entendeu na hora que eles eram amantes. Nesse momento captou de Amanda que ela trabalhava na polícia e era psicóloga.

Amanda, por sua vez, ao ouvir seu nome, baixou um pouco de suas defesas, "se ela sabe meu nome, pode ser mesmo que Lúcio o tenha dito, mas quem é ela?". E a pergunta saltou instintivamente à sua boca enquanto entrava na casa de Lúcio.

— Ah, eu sou uma amiga de Lúcio, acho que não nos conhecemos mesmo. Meu nome é Alice. Prazer.

E Astérope estendeu-lhe um aperto de mão de forma tão natural e óbvia, que Amanda retribuiu o cumprimento. E a cada uma destas coisas, a ligação entre elas aumentava, e Astérope a nutria com sua atenção e concentração.

— O que aconteceu? Por que Lúcio não está aqui?

— Ah, sim! Pois é, ele estava tão preocupado de sair assim... Ele achava que você poderia chegar a qualquer hora mesmo – e quando disse isso, Astérope percebeu que Lúcio havia ligado e chamado Amanda a poucos minutos atrás. Na mesma hora, fez a emenda:

— Ele queria estar aqui para lhe receber depois de tê-la chamado, mas ele realmente teve de ir, sabe? Ele volta já, já.

Amanda, confusa, sentiu uma leve tontura e sentou-se no sofá, perguntando:

— Mas aonde ele foi?

E com esta pergunta direcionada a ela, somada à conversa anterior, Astérope tinha tudo o que precisava. Em sua imaginação, via Amanda como se estivesse envolta por imagens que dançavam ao seu redor, pensamentos conexos e desconexos, intenções claras e ocultas.

Astérope permitiu-se um leve sorriso de triunfo antes de dizer:

— Para onde você não pode ir, meu bem. Durma.

E, dito isso, Amanda caiu inconsciente no sofá.

Quando Lesath desceu do quarto de Lúcio, usando uma de suas roupas, notou Amanda caída no sofá, como se notasse o mais novo brinquedo de Astérope e dirigiu-se à cozinha para matar a sede. "Tornar-se uma tocha humana é algo que deixa uma pessoa com sede." Passou pela sala, sua mulher estava debruçada em frente a Amanda, tocando a parte de trás de sua cabeça com as mãos espalmadas e olhando fixamente em seus olhos fechados. Perguntou de costas:

— Então, quem é ela?

Astérope respondeu vagamente:

— Amanda. Ela e Lúcio são amantes.

— Amantes? Puxa, a vida começa mesmo aos cinqüenta como dizem por aí...

Astérope ignorou o comentário, concentrada em Amanda.

— O que você descobriu até agora? – perguntou Lesath.

— Pouco, Lesath, e menos se você não me deixar trabalhar...

Lesath soltou um meio sorriso e sentou-se na mesa da cozinha, pegando para comer exatamente o mesmo pão com manteiga que Lúcio havia feito para Rigel. "O cara não tem o menor dom culinário..." E enquanto comia, lembrava-se que Rigel teria preferido muito mais ovos mexidos, torrada com mel e suco de morango. Calou-se mais uma vez, vencido pela tristeza.

"Ele me atacou. Ele fugiu, e me atacou. Tentou realmente me matar."

E Lesath sabia pela sua experiência, que daquele ponto em diante, deveria tratar Rigel como uma ameaça. Mas as coisas não eram tão simples, e havia mais naquele caso do que ele queria admitir. "Eu, que já matei quantos? Lutei contra quantos? Enfrentei a morte de frente e me arrisquei nas situações mais loucas... Qual é o problema de ver esse garoto como uma ameaça? Ele com certeza não vai hesitar fazê-lo...". Porém enxergar Rigel como uma ameaça significava estar pronto para matá-lo. E isso Lesath sabia que não estava.

Com este pensamento em mente e sua atenção ligada nesta situação e perigo, e depois de ter comido o pão preparado por Lúcio para Rigel, Lesath pegou mais uma vez a foto que Astérope havia lhe entregado e viu. Daquela foto, imagens saltaram à sua imaginação e certas cenas lhe vieram à mente.

Cenas de morte. Ele soube o que ocorreria, e soube também o que devia fazer. Havia uma única chance para salvar Astérope.

Se ela não estivesse tão envolvida com Amanda naquele momento, certamente teria percebido o susto de Lesath. Com uma região semiconsciente, ela até mesmo percebeu, mas sua atividade atual era mais importante, então ignorou a sensação, e a esqueceu.

Lesath ficou bons minutos parado, quieto, pensando no que fazer. Vasculhava todas as possibilidades: Se eu fizer isso? Se eu fizer aquilo? Se acontecer tal coisa? Mas o resultado era sempre o mesmo. Diante de várias opções, resolveu escolher o que considerava o mal menor tanto para si, para Astérope, embora ela discordasse se tivesse escolha, e para Rigel.

Quando Astérope se inclinou para trás, relaxou sua atenção e massageou as têmporas, Lesath soube que a parte mais exaustiva do que ela deveria fazer havia acabado. Passou a observá-la em silêncio, deixando a ela a incumbência do interrogatório.

Astérope, com uma voz firme e cansada, olhou diretamente para a forma caída de Amanda e perguntou:

— Mulher, você está me ouvindo?

Amanda, que até aquele ponto estava completamente relaxada e inconsciente no sofá, respondeu mexendo o mínimo de músculos, com um murmúrio no limite da compreensão:

— Sim.

— Bom. Qual o seu nome?

— Amanda Calas de Oliveira.

— Amanda, por que você veio à casa de Lúcio?

— Ele me ligou. Ele me chamou.

— E o que ele disse?

— Que tinha encontrado seu filho... Alan.

Amanda era como uma pequena marionete. Astérope a observava com a mesma intenção que um marceneiro teria com um brinquedo recém-criado.

— O que mais ele disse?

— Nada...

Astérope considerou isso por um tempo. E resolveu mudar a linha de questionamento.

— Lúcio saiu de casa. Se ele estivesse fugindo de alguém, para onde iria?

Amanda, relaxada e jogada como um corpo inerte, pareceu pensar naquela pergunta e ponderar algumas possibilidades, por fim respondeu:

— Para sua casa de praia.

— Onde fica?

— Em Trombadeiras. Rua Doze, número sete.

— Apenas para lá?

Amanda pensou um pouco por mais um tempo. Depois, pareceu a Lesath que ela tinha lembrado algo de forma muito preguiçosa.

— Ele pode ir para meu chalé nas montanhas.

— Onde fica sua casa nas montanhas?

— Em Sete Morros. É uma chácara no quilômetro vinte da Estrada dos Guerreiros.

— Algum outro lugar?

— Não.

— Mais nenhum?

— Não.

Astérope refletiu sobre isso. Trocou um olhar com Lesath, e ele lhe acenou com a cabeça. Voltando-se à Amanda, disse:

— Amanda, eu vou contar até três, e quando eu terminar, você irá mergulhar em um sono longo e profundo que irá durar seis horas. Quando acordar, não irá se recordar de mim, ou de qualquer coisa que tenha acontecido nesta manhã. Você não irá se lembrar de nenhum telefonema, de sequer ter falado com Lúcio hoje. Você vai se lembrar que acordou e resolveu visitar Lúcio, mas quando chegou não havia ninguém, então decidiu descansar um pouco no sofá. Você me entendeu?

— Sim.

— Ótimo. E aproveite para passar no cabeleireiro e fazer uma permanente porque essa chapinha realmente não combina com você. Um. Dois. Três.

E dito isso, Astérope levantou-se da cadeira em que estava e chamou Lesath para o jardim da casa, onde pudessem conversar sem que Amanda, mesmo inconsciente, pudesse lhes ouvir.

— O que você acha? – foi o que ela disse assim que saíram da casa.

— Que ele tem muito poucos lugares para se esconder considerando que foi da polícia.

— Acha que ele pode ter ido para outro lugar?

— Não. Ele foi para um destes dois, com certeza. Eu vi.

Astérope assentiu levemente com a cabeça e não percebeu a ansiedade de Lesath em esconder como havia conseguido essa informação. Os detalhes daquela visão, ele não havia lhe revelado.

— Para onde vamos?

Lesath inspirou levemente.

— Vamos nos separar. Eu vou para as montanhas, você vai para a praia.

Astérope pendeu a cabeça levemente para o lado, estranhando um pouco a decisão de Lesath.

— Nos separarmos, Les?

— Sim, nós não precisamos abordá-los agora, só localizá-los. Quando um de nós os encontrar, liga para o outro. Astérope, o tempo está do nosso lado. Nós podemos tentar encontrá-los com clarividência por meses, se for necessário.

Astérope ponderou aquilo. Lesath não dividia os dois a não ser que a necessidade fosse extrema, ou que ele se sentisse muito seguro. Depois de um breve momento, confiante no seu amado, acenou que concordava.

— Pegue o carro – Lesath disse passando-lhe as chaves. — Eu vou pegar um outro carro por aí.

E partiram.

Depois de seis horas exatas, Amanda acordou atordoada no sofá de Lúcio. Achou a situação muito estranha, e não tinha memória clara de ter chegado até ali, mas se lembrava vagamente de ter pensado em visitá-lo e não encontrar ninguém em casa, embora não pudesse dar nenhum detalhe.

"Eu descansei no sofá e caí no sono... Mas por que eu fui descansar no sofá se eu vim para cá ainda de manhã?".

E ela viu, também, a porta da casa de Lúcio aberta, e o portão da frente escancarado. Mas já passava das três da tarde quando ela acordou, tinha deixado o seu celular em casa, e por isso não viu os muitos recados de Lúcio. E ela havia prometido almoçar com sua mãe naquele dia, que estava se recuperando de uma delicada operação. E ao lembrar-se disso, resolveu cuidar dos seus assuntos, arquivar aquela situação na sua mente e ligar para Lúcio no dia seguinte, para perguntar-lhe o que havia acontecido.

E ainda achou que teria tempo de passar no cabeleireiro.

Capítulo IX

Aliança com Deneb

O refeitório da Cosmos nunca pareceu tão quieto e grande a Alphard como na manhã seguinte ao sumiço de Rigel. Sentada na mesa, ouvia poucos comentários, poucas risadas, pouco burburinho. Todo o salão parecia anestesiado, e Alphard em especial, sentia-se morta.

Olhava vagamente para o prato que tinha preparado com pães, alguns bolos, e uma panqueca com mel. O chocolate quente, que ela geralmente tomava em grandes goles, parecia-lhe seco e enjoativo. Nada lhe apetecia e sua atenção não poderia estar mais longe de qualquer coisa além de Rigel.

Procyon sentou-se à sua frente trazendo seu desjejum, mas Alphard não precisava ser uma telepata para ver que ele também estava bastante alheio ao dia. Depois de arrumar seu prato, talheres e copo de forma deprimidamente lenta, apenas disse:

— Oi.

Alphard, sem mover os olhos do seu prato, respondeu distante:

— Oi.

E os dois ficaram quietos. De vez em quando, tentavam comer alguma coisa, mas logo o café da manhã tornou-se uma vaga memória, e eles ficaram ouvindo os pássaros piarem lá fora, secretamente invejando a simplicidade da sua alegria.

— Tá todo mundo muito quieto – arriscou Procyon a certa altura.

— É... – foi a resposta.

Um grupo de adolescentes entrou no refeitório, trazendo consigo um barulho bem característico, e quebrando o silêncio sepulcral.

Percebeu, então, que era ela quem estava projetando a sua depressão no refeitório, e que o dia, na verdade, estava transcorrendo normalmente. As pessoas conversavam entre si como sempre faziam, e o clima geral era, sob um ponto de vista pragmático, o mesmo de sempre.

Isso a irritou mais ainda. Ela achava, e desejava, que uma tragédia destas fosse seguida de uma grande consternação geral, um luto coletivo, um grande abalo para todos. Mas os abalados eram poucos, e entre os seus colegas, somente Procyon compartilhava com ela o peso da perda.

"Eles sabem ainda...". Vega tinha lhe pedido um tempo, e ela havia contado sobre a fuga de Rigel apenas para Procyon. "Eles devem estar tentando encontrá-lo antes de dar a notícia aos outros", pensou Alphard.

De fato, apenas uma mesa além da sua parecia um pouco mais quieta do que o normal: a mesa dos professores. Era lá onde Kaus, Antares, Polaris e Sulafat, recém-chegados de viagem, conversavam sob cochichos e olhares ao redor.

— Os professores estão preocupados – disse Alphard.

Procyon os observou por um tempo, e notou que de vez em quando, eles olhavam para a sua mesa, na direção de Alphard.

Procyon colocou sua bandeja com o café da manhã um pouco de lado, inclinou-se ligeiramente para Alphard, que imitou o seu gesto, e perguntou:

— Al... Por que você acha que ele fez isso?

Alphard não respondeu por um bom tempo. Por fim, disse:

— Não sei, Procyon. Ele não me falou nada.

— Mas você deve ter notado alguma coisa nele. Agora lembro de como achei, uma vez ou outra, que ele estava um pouco cansado ou chateado com alguma coisa.

— É, Procyon, mas como a gente ia adivinhar que ele estava querendo fugir?

— Nós somos seus amigos, Alphard, e somos telepatas, a gente devia ter adivinhado!

Alphard olhou para baixo e disse quase sussurrando:

— A não ser que...

A frase ficou incompleta, mas Procyon viu por bem terminá-la.

— Que ele não confiasse na gente. Que ele quisesse esconder isso de nós.

— É, mas por quê? Nós somos amigos!

Procyon passou um tempo meditando sobre isso.

— Al, se ele tivesse nos contado, a gente teria avisado os professores, não teria?

Alphard não respondeu, mas a sua expressão, e especialmente a onda de seus sentimentos, foram resposta mais que suficiente para Procyon.

— Ontem... Logo no final do intervalo, antes da gente voltar pra classe... Ele me abraçou.

Procyon perguntou interessado:

— Ele te disse alguma coisa, Al?

Alphard assentiu com a cabeça respondendo segundos depois.

— Ele disse: "Al, você é a melhor".

Não foi fácil para Alphard controlar suas emoções naquele instante. A memória do grande amigo que partiu, suas últimas palavras, a afeição rompida, sua incapacidade de localizá-lo... Estas últimas horas se tornaram uma pilha de frustrações que se digladiavam ao longo da garganta da menina, subindo por trás de sua cabeça e seguindo em direção aos olhos. Mas em seus doze anos de idade, Alphard havia aprendido a controlar suas emoções, e, com grande esforço, inspirando longamente, conteve-se. Procyon sentia telepaticamente toda a angústia da amiga, e orgulhou-se. Desejou ele também ter todo esse autocontrole.

Estendeu sua mão esquerda e apertou a mão direita de Alphard. Entre os telepatas da Cosmos, o toque era algo muito pouco usado, uma vez que ampliava de forma violenta a quantidade de sensações captadas. Era considerado algo muito íntimo. Mas Alphard estava completamente fechada em si mesma, e Procyon desejou transmitir-lhe o pouco de tranqüilidade que possuía. A menina respondeu apertando a mão de Procyon com suas duas mãos, agarrando-a ainda mais, como se ela fosse uma âncora de calma. Sorriu singelamente, misturando à angústia, um pouco de solidão, uma dose de perda e uma pitada de gratidão.

Na mesa dos professores, eles observavam o casal infantil com um ar profissional, e os seus comentários logo adquiriram um tom bem diferente do anterior. Procyon pouco ligou para isso. Confortou a amiga, e depois de um tempo, deixou-a retornar ao seu café da manhã.

O café da manhã transcorreu com um pouco mais de tranqüilidade para Alphard, que mesmo pensando em que lugar estaria Rigel, se estava vivo, sofrendo ou em perigo, sentia agora que não estava mais solitária. Olhar para o lado e ver Procyon sempre perto, era mais conforto do que ela pudesse, ou quisesse, explicar.

A certa altura, revendo o acontecimento com maior desapego, disse:

— Procyon, nós temos que descobrir por que ele fugiu.

Procyon levantou os olhos.

— Por que, Al?

— Olha só, ele não fugiu por nossa causa. Não foi uma coisa que a gente fez ou disse, nem ninguém. Você mesmo falou que ele estava pensando nisso há um tempo, embora a gente não percebesse.

— E...? – Procyon perguntou, incrédulo.

— E... Se não foi nada que ninguém fez, então ele deve ter descoberto algo muito ruim. Tão ruim que ele não podia falar nem para nós, nem para os professores!

— Mas Al, o que pode ser tão ruim assim?

Alphard parou e pensou realmente nisso. Quando sentiu que o silêncio se estendeu o bastante para criar a tensão necessária, concluiu:

— A não ser que seja algo que os próprios professores fizeram. Algo que eles não querem que a gente saiba.

Quando ambas as crianças se entreolharam se perguntaram: "Será?". Foi essa pergunta inconsciente que abriu suas mentes para a possibilidade que eles, contaminados pela expectativa e pelo medo, não poderiam imaginar. Essa possibilidade, aliada à suas percepções clarividentes, criou em ambos um senso de urgência e de perigo, que foi, em silêncio, mais forte e claro que qualquer palavra dita, qualquer gesto ou acontecimento até aquele momento.

Procyon, ainda tentando desacreditar uma coisa que era logicamente muito difícil, arregalou os olhos, e disse francamente:

— Mas isso é impossível, Al. A gente lê a mente deles toda hora. Se eles estivessem escondendo algo tão ruim, a gente ia sacar na hora.

Alphard franziu a testa. Tinha certeza de sua teoria da conspiração sobre os professores, mas o argumento de Procyon era realmente sólido.

— Bom... A não ser que seja algo que eles não achem ruim. Pode ser que eles não tenham escondido de nós, mas tenham nos contado só parte da coisa.

Procyon não disse mais nada.

— Procyon, pensa bem! O que mais pode ter sido?

Relutantemente, Procyon respondeu:

— É... Faz certo sentido...

— Faz todo o sentido, Procyon!

Alphard virou os olhos de forma selvagem para seu amigo, como se estivesse lutando contra um touro bravo, e disse:

— Nós temos que descobrir por que ele fugiu!

Procyon assentiu brevemente. A questão seguinte pairou, inevitável, na mente de ambos: Como?

Procyon arriscou:

— O Rigel tinha passado muito tempo fazendo experiências com computadores, não é? Deram para ele acesso à sala do laboratório e aos servidores. Talvez ele tenha descoberto algo nos servidores. Talvez ele tenha deixado algo em seu micro.

— Vega pegou o computador dele ontem de noite, Procyon. Eu passei no quarto dele antes de vir pra cá e vi que levaram o micro.

— Pegaram o micro do Rigel?

— Pois é, Procyon. Eles estão querendo esconder alguma coisa!

Procyon queria que houvesse uma continuação à ultima frase de Alphard, algum "mas", "só que", "porém"... Algo que afirmasse sua confiança nos professores, na fundação, nas pessoas que ele aprendeu a chamar de família. Mas não houve continuação alguma, e cada palavra de Alphard lhe pareceu pesada demais para ele carregar sozinho. Contorceu sua cara em uma expressão dupla de medo e concentração, e para que a situação não terminasse no ar, para que algo mais fosse dito, perguntou:

— Por que a gente não conversa com o Vega e lê a mente dele?

— Porque ele vai saber na hora, Procyon. E se a gente descobrir o que quer que seja na mente dele, e ele perceber?

Procyon não respondeu. Grande parte dele não queria acreditar que Vega fosse capaz de qualquer coisa que pudesse machucá-los; mas a outra parte, a pequena parte, a parte vingativa, olhava as provas inegáveis, ouvindo aquela sensação de urgência e perigo, e chegava à conclusão certa de que alguma coisa muito errada estava acontecendo.

— Mas como nós vamos entrar na sala dos servidores? – questionou Procyon.

Não houve resposta. Ambos estavam absortos em pensamentos. Entrar na sala dos servidores era, no mínimo, extremamente difícil. Havia um único corredor de acesso, que era constantemente monitorado por câmeras; passariam por uma porta de aço, cuja entrada era controlada por um teclado com senha. A sala em si era lotada de câmeras e sensores de movimento. Qualquer entrada ou saída era praticamente impossível sem autorização, ou detecção.

— Precisamos de ajuda – concluiu Alphard.

A forma como Procyon olhou para ela e a nítida emoção de que ele esperava por isso, explicaram-lhe claramente que ele já tinha pensado alguém. Alphard apenas perguntou:

— Quem?

— Deneb – Procyon respondeu na mesma hora.

— Deneb? Mas... – e Alphard arriscou um olhar a uma mesa do outro lado da cantina, onde Deneb conversava animadamente com seus colegas. Todos riam de alguma das piadas de mal gosto que eles adoravam fazer.

Deneb... A sugestão a preocupou. Não porque ele fosse excepcionalmente talentoso, ou estivesse, na maioria dos casos, tão distante das crianças mais jovens. Com 14 anos de idade, sua atenção e preferências eram, naturalmente, tão diferentes dos pré-adolescentes quanto dos próprios professores. E aos olhos de Alphard, Deneb era quase um adulto. Não. A sugestão preocupava porque era bastante lógica. Deneb era um dos únicos alunos mais velhos, e por "mais velhos" Alphard entendia adolescentes, que realmente gostava de Rigel. Não o via como concorrente, mas como um igual. Enquanto Rigel era indiscutivelmente o melhor telecinético da Cosmos, uma série de outros alunos, especialmente os de Terceira Geração (de 15 anos de idade para baixo), também era o melhor em alguma coisa. De um lado você tinha Kaitos, que com apenas cinco anos mostrava uma capacidade telepática que ninguém na sua idade conseguiu igualar. Do outro, havia Deneb, que aos 14 possuía a melhor memória dentre todos os alunos da Cosmos, mesmo entre os mais velhos. Os professores usavam isso como explicação frequente para o seu rápido desenvolvimento paranormal nos últimos três anos.

Deneb, Kaitos e Rigel todos pertenciam ao seleto grupo dos "prodígios" da Cosmos. Um clube fechado e elitista, que nunca foi oficialmente proclamado, mas que todos sabiam que existia.

Deneb, em sua idade, tinha as mesmas marcas e resultados nos testes de potência paranormal que um agente formado. Mas havia algo mais: era o único aluno de toda a Cosmos que os outros alunos e professores, telepatas como Alphard e Procyon, não conseguiam ler. Alguma coisa ele sabia, fazia, ou era, que o tornava uma caixa preta para qualquer percepção telepática. E isso mais do que qualquer outra coisa fazia dele a única pessoa em que Alphard e Procyon podiam confiar, porque era, possivelmente, a única que poderia manter um segredo dos professores.

Alphard sabia disso, e assentiu a cabeça em concordância com Procyon enquanto ambos olhavam para a mesa em que Deneb estava sentado com sua turma.

— Vou chamá-lo – disse Procyon.

O garoto fitou intensamente a imagem de Deneb, concentrou-se em sua face, tentando ao máximo transmitir o pensamento apenas para ele. Quando achou que havia se isolado o bastante, chamou. Mais uma idéia que uma frase:

"Deneb! Queremos falar com você".

Deneb, por sua vez, não esboçou nenhuma reação e sorrindo sem olhar para Procyon, reclinou-se na sua cadeira. Enquanto o fazia, Procyon ouviu nitidamente a voz do rapaz, como se ele estivesse bem perto e falasse por trás de sua nuca.

"Procyon, você se esforça demais. Poderia conseguir o mesmo resultado sem se contorcer que nem uma banana podre."

Procyon parou de olhar para Deneb na mesma hora, e disse a Alphard:

— Eu não pareço uma banana podre!

Alphard sorriu mesmo sem entender por que. Procyon ouviu novamente:

"O que vocês querem, Procyon?"

"Falar sobre Rigel."

"Agora?"

"Sim."

"A sós?"

"Sim."

Passou-se um tempo. Procyon e Alphard imaginaram se Deneb estaria considerando isso como uma brincadeira dos dois. Não seria a primeira. Porém, a resposta veio:

"Vamos nos encontrar no bosque sul, na Praça do Sol."

E, dito isso, Deneb despediu-se dos seus colegas e saiu do refeitório. Alphard e Procyon o seguiram logo depois.

A Praça do Sol, como era chamada, era um ponto de encontro bastante usado para aulas ao ar livre, e como local de referência para os alunos da Cosmos. Ficava no meio de um bosque de araucárias, em uma espécie de clareira circular. A abundância de flores brancas, amarelas e vermelhas lhe deram o nome, e os inúmeros bancos faziam daquele, o local perfeito para jovens que quisessem passar algum tempo a sós. Aos finais de semana, tinha movimento apenas à noite. Na manhã de sábado, ela era normalmente vazia, mas não tão vazia que três pessoas conversando pudessem levantar suspeitas.

Como Procyon e Alphard imaginavam, Deneb não foi direto do refeitório para a praça, e eles ainda ficaram esperando uma meia hora. A certa altura, ele veio andando pelo pequeno caminho de pedra que desembocava na praça.

Deneb era alto para a idade, usava o cabelo curto arrepiado e três correntes diferentes no pescoço. Tinha a pele levemente corada, como se estivesse sempre bronzeado e olhos profundamente escuros. Como um amante do atletismo, tinha os músculos do corpo bem delineados, sem ser excessivamente forte ou fraco. Era conhecido pela estranha mania de só usar camisetas com imagens abstratas que ele mesmo pintava. Como pintava bem, estava constantemente sendo assediado pelos amigos para fazer outras. Suas camisetas identificavam um grupo característico de adolescentes que compunham uma panelinha bem conhecida dos professores.

— Então, o que o "Jardim de Infância" quer comigo? – disse com insolência.

— Deneb, é sério – começou Alphard –, nós queremos falar com você sobre Rigel.

Ele apenas sentou, largando-se no banco.

— Nós achamos que ele descobriu algo muito perigoso e que os professores querem fazer segredo – continuou Procyon.

Eles passaram alguns minutos contando a Deneb suas suspeitas, este os ouviu em silêncio e com uma expressão cada vez mais séria. Ao final do relato, Deneb ficou um tempo em contemplação, quieto, vasculhando em sua mente razões e motivos para o que aconteceu. Pesquisando atos e ações possíveis naquela situação.

A sua primeira grande reação foi um longo suspiro, como se aquilo o tivesse cansado demais ou fosse muito pesado. "Ou talvez", pensou Alphard, "ele esperasse que aquilo fosse acontecer mais cedo ou mais tarde, e desejasse que fosse mais tarde".

— Entrar na sala dos servidores, é? – perguntou, retoricamente. — Difícil... Muito difícil...

— Você tem idéia melhor? – perguntou Procyon.

— Não – respondeu simplesmente.

— Nós achamos que você poderia nos ajudar – O tom de Alphard era casual, mas claramente pedante.

Deneb ergueu os olhos para ela:

— Eu posso.

Alphard pegou-se instintivamente tentando ler a mente de Deneb para saber o que havia por trás desta frase. Porém, como sempre acontecia com ele, quando ela estendeu suas percepções na sua direção, não encontrou nada. Era como se o menino não estivesse ali, ou estivesse morto.

Deneb deve ter percebido a tentativa de Alphard, porque o canto direito da sua boca ergueu-se em um semi-sorriso sarcástico e cansado. Ainda assim, não disse nada. Por fim, Procyon falou:

— Tá bem, como você pode nos ajudar?

Deneb pareceu pensar um pouco no assunto antes de responder.

— A sala é muito bem protegida, não é?

— É – responderam Procyon e Alphard juntos.

— Quase inviolável, não é?

— É – concordaram novamente.

— É muito difícil entrar lá sem autorização, não é?

— É! É! Qual sua idéia, Deneb? – Procyon mal se agüentava de curiosidade.

— Ora, nós vamos pegar uma autorização!

Deneb abriu a porta do seu quarto atendendo à batida insistente como quem não tivesse a menor idéia do que estava acontecendo.

Era Hamal. Hamal era um aluno da Cosmos de Primeira Geração, o que o colocava pra lá da casa dos 50 anos de idade. Era o principal responsável por toda a parte de infraestrutura e informática do complexo. Indiscutivelmente, um dos membros mais ocupados da fundação, conhecido entre os alunos por sua rigidez espartana no acesso à Internet.

Hamal observou Deneb por alguns segundos antes de falar:

— Deneb... O que você está fazendo com a nossa conexão Internet?

— Como? – Deneb começou, no seu melhor estilo desavisado. — Ah... Eu estou fazendo um trabalho que a Polaris pediu sobre o desenvolvimento histórico da economia global durante as crises do petróleo e as guerras do Golfo. Achei este site na Internet, eu posso baixar dele todas as cotações de todas as ações de todas as principais bolsas de 1960 até hoje.

Hamal observou Deneb incrédulo por um tempo, não acreditando que o garoto estivesse seriamente querendo pegar este volume de informação de uma só vez. Só o que ele conseguiu dizer foi:

— Cotações de todas as bolsas do mundo?
— É!
— De 1960 até hoje?

— É – continuou Deneb, intangível à surpresa de Hamal. — São só cem gigabytes de informação. Logo, logo acaba!

Hamal suspirou.

— Deneb, isso vai levar bem mais de três dias, além de ocupar toda a nossa conexão. Você não pode tirar a Cosmos inteira da Internet por três dias só para um trabalho da escola.

— Ah, não? – disse Deneb, desconsolado.

— Não – Hamal foi definitivo. Porém, como ele também era conhecido por ser um "cara legal" com os alunos, completou.

— Olha, acontece que por acaso nós temos essa informação nos servidores.

— Tem?! – Deneb animou-se como se realmente não soubesse disso em antemão. — Você pode me dar acesso a essa base de dados?

— Não, eu não posso dar acesso à você, mas olha só, eu posso copiar isso em DVD.

— Puxa, Hamal, obrigado. Espera um pouco que eu tenho uns DVDs vazios para dar.

Deneb pegou de uma caixa com discos lasers previamente preparados e entregou-a para Hamal.

— Eu vou cancelar o meu download.

— Obrigado Deneb. Eu já volto.

E com isso, Hamal foi embora. Imediatamente, Deneb sentou-se em seu micro e concentrou-se em Procyon.

"Podem vir. Está tudo pronto."

Procyon e Alphard entravam em seu quarto minutos depois.

— Eu achei que a gente ia até a sala dos servidores! – comentou Procyon.

Deneb lançou-lhe um sorriso superior.

— Nós vamos ou é ela que vem até nós?

Alphard, mais preocupada que animada, disse:

— Deneb, o que é que você fez?

Como se tivesse exibindo um troféu ganho em um festival de pesca, o garoto começou:

— Eu convenci o Hamal a copiar umas informações dos servidores para mim em DVD, e lhe dei uma caixa de DVDs meus. Acontece que o primeiro deles não está vazio. Até aí, não tem problema, o Hamal vai achar que eu dei um gravado por engano e vai usar um dos DVDs vazios dele. Acontece que quando ele colocar no servidor o DVD gravado que eu lhe dei, ele vai executar um programa sem que Hamal saiba. Este programa vai abrir uma comunicação entre minha máquina e o servidor do banco de dados.

Procyon falou animado pela perspectiva de realizar algo tão fora das regras:

— Então nós vamos usar o servidor da sua máquina?

— Isso mesmo. Se a sala dos servidores é inviolável, ora, não vamos tentar violá-la. Hamal vai fazer isso para nós.

— Mas Deneb – Alphard começou, sempre cautelosa – não pode ser que eles descubram isso que você está fazendo?

— Claro que pode, Alphard. Isso é muito arriscado. Não é uma coisa que eu faço todos os finais de semana... – e completou, sorrindo – só em alguns.

— Você já fez isso antes? – Procyon estava visivelmente impressionado com Deneb. Este lançou-lhe um olhar conspiratório e respondeu:

— Algumas vezes.

Poucos minutos depois, uma janela preta com várias mensagens apareceu na frente de Deneb, e ele disse, triunfante:

— Senhoras e senhores, conheçam o servidor.

Alphard, atônita, falou:

— Não pode ser tão fácil...

Deneb, com autoridade, respondeu:

— Descobrir como chegar até aqui é que foi difícil, Alphard. Depois que eu soube, repetir fica fácil. Bom, vamos ver o que Rigel fez nestes últimos dias...

Procyon e Alphard observaram Deneb enquanto ele atentamente digitava uma série de comandos ininteligíveis. A certa altura, ele começou a descrever o seu progresso:

— Hum... Parece que Rigel acessou várias vezes a base de dados através de um computador remoto, um dos computadores do laboratório de eletrônica. Hum... Tem alguns acessos dele que vieram do seu computador pessoal. É... Nestes casos ele procurou por informações bem diferentes. Vamos ver o que tem aqui...

Deneb parou um instante. Procyon e Alphard se aproximaram tentando ver o que era, como se chegando mais perto eles fossem miraculosamente entender o que estava acontecendo. Deneb vendo-os, explicou:

— Rigel puxou do sistema uma lista encriptada. Isso foi na semana passada.

Outra pausa.

— Encriptada quer dizer: codificada para que ninguém possa ler.

Procyon fez um "Aaaahhhh" silencioso, e Alphard emendou:

— Por que ele faria isso?

— Provavelmente ele sabia como decodificar a lista. Espera um pouco que eu acho que também consigo, graças ao nosso amigo Hamal...

Deneb digitou mais comandos no micro. Alphard e Procyon, mesmo sem entender nada, sentiam que conforme Deneb digitava eles chegavam mais perto de alguma coisa. Só não sabiam do que. Por fim, Deneb disse:

— Eu coloquei todas as informações em uma planilha. Vou abrir.

E Deneb abriu à sua frente uma planilha com vários nomes, datas, idades, e outras informações aparentemente pessoais.

— O que é isso, Deneb? – Procyon perguntou. Com uma rápida passada de olhos, a resposta estava bastante óbvia.

A planilha possuía várias informações: dois nomes de pessoas, intitulados "filiação 1" e "filiação 2"; um número de telefone; endereço; datas de nascimento dos dois nomes; e por fim, uma lista de nomes de estrelas e datas de nascimento.

— Eu conheço estes nomes... – Procyon começou.

— Eu também, olha o meu, Procyon.

E, bem claro na planilha, estava escrito:

Filiação_1: Claudia Ribeiro da Costa

Filiação_2: Marcos Ribeiro da Costa

Nascimento_1: 03/mai

Nascimento_2: 27/set

Telefone: 3214-1579

Endereço: Rua dos Canaviais, 25, Garimpeiros.

CEP: 99812-034

Alvo: Alphard

Nascimento: 03/jan

Houve um silêncio que nenhum deles soube dizer exatamente quanto tempo durou. Foi rápido, mais do que eles imaginavam, mas lhes pareceu durar por anos. Nomes. Nomes de pessoas normais, e "Alvo: Alphard". Isso só podia querer dizer uma coisa. Os três sabiam disso. Uma década de condicionamento e educação em contrário, lutava para aceitar aquilo. Foi Deneb quem deu voz ao óbvio:

— São nossos pais. Esses são os nossos pais.

— Mas os professores disseram que todos nós somos adotados!

Em silêncio, com os olhos teimosamente arregalados, eles varreram os dados sobre si mesmos e seus amigos por um tempo antes de perceberem o que mais havia de estranho na lista.

— Rigel não está aqui – disse Procyon.

— Esperem um pouco, tem mais coisa aqui – e Procyon e Alphard novamente ficaram em silêncio esperando, no limite do terror, pelo que Deneb estava fazendo.

Por fim, Deneb se reclinou na cadeira, e disse bem baixinho:

— Meu Deus...

Alphard praticamente pulou em seu pescoço:

— O que foi, Deneb? O que foi?

Mas Procyon, com os olhos fixos no monitor, falou:

—Al... Olha só isso.

Alphard virou-se para a tela. Havia um documento aberto:

Relatório de missão 8250-021/C
Agentes: Polaris e Sulafat
Alvo: Deneb
Ref. Missão: 8250-020/C, 8250-018/C, 8250-015/C.

Atividades:
O alvo foi adquirido com sucesso às 00h20 do dia 5/dez.

O método usado foi a troca MTM, efetuada sem testemunhas oculares e duas testemunhas inferidas, sendo as mesmas a enfermeira da maternidade de nome Márcia Alves da Silva, e o médico de plantão de nome Marco Antônio Cruz.

A inferência criada foi uma parada cardíaca advinda de falha respiratória, concordante com os casos de SIDS já relatados. O cadáver obtido foi trazido do próprio necrotério do hospital.

Uma inferência adicional teve de ser criada para garantir o descontrole emocional da parte materna. Ambos os pais não haviam visto a criança ainda.

Taxa de contaminação estimada: nula.

Fim do relatório.

Houve uma grande pausa depois que todos leram isso. Acrescentado a este relatório, havia vários outros, que Procyon pôs-se freneticamente a ler depois que Deneb ergueu-se da cadeira e foi sentar em sua cama.

Foi Procyon quem descobriu e não revelou a chave de todo o plano: envolvimento emocional. Os professores nunca precisaram esconder isso dos alunos. Os alunos é que nunca iriam descobrir, porque isso iria contra o que eles foram ensinados. O envolvimento emocional deles era forte demais para que, pela pura clarividência ou telepatia, eles fossem perceber.

Mas o que estava diante deles não era clarividente nem telepático. Era evidência, dura, fria, cruel e irrefutável. Uma prova clara. Alphard, incrédula, falou alto o que todos souberam ao ler aquelas linhas:

— Nossos pais estão vivos... Nós não fomos adotados... Nós fomos raptados.

Capítulo X

A falha de Lesath

Lúcio dirigiu por umas quatro horas antes de aliviar o peso do pé no acelerador. O caminho para o chalé de Amanda nas montanhas, porém, era um que ele conhecia muito bem. Normalmente um "pé de chumbo" na estrada, sabia como ninguém onde correr, parar, frear, acelerar e onde ficavam os radares.

Ao longo dessas horas, ele e Alan trocaram poucas palavras. A certa altura, porém, o menino disse:

— Lesath.

— O quê? – perguntou o pai.

— É o nome daquele homem. Daquele quem eu incendiei – e Rigel falou isso tão normalmente que Lúcio sentiu um calafrio.

Fora esta conversa, a viagem transcorreu sem maiores diálogos. Em vários momentos, Lúcio via que Rigel estava se esforçando com alguma coisa, como se ele estivesse querendo se lembrar de tudo o que esqueceu. Outras vezes, porém, parecia extremamente relaxado, quase dormindo. Em geral, sem entender o que estava acontecendo, o comportamento do seu filho o preocupou muito. Rigel, entretanto, estava apenas passando por uma série de exercícios de relaxamento e concentração que ele foi condicionado a realizar diariamente.

"Alan... o que foi que fizeram com você, meu filho?"

E apesar dele não achar que seu filho tivesse passado por grandes torturas ou abusos – ele já tinha visto estes casos de perto e seu filho não se parecia com uma vítima – ainda assim, o simples pavor de ver seu filho colocar fogo em uma pessoa foi o suficiente para despertar sua ira. Bem mais até, do que o tempo roubado ou a esposa perdida.

Porque Lúcio sabia, como Alan também sabia, que ele nunca poderia ter uma vida normal com as capacidades que possuía.

E era nesse assunto, no que é que ele ia fazer com seu filho em longo prazo, que Lúcio estava pensando quando eles pararam em um posto na estrada. A agitação e o medo da perseguição anterior já eram uma memória distante em suas mentes.

Desde que havia entrado na vicinal que levaria, finalmente, ao chalé de Amanda, Lúcio não viu ninguém na estrada. Um sábado fora da estação era tão abandonado por aqueles lados quanto a capital no ano novo. Grande parte da escolha de Amanda para a compra daquele chalé inclusive, era sua localização distante, abandonada e longe de qualquer sinal da civilização. Era um lugar onde ela e Lúcio podiam ir para se refugiar, para esquecer do mundo. Nem mesmo seus celulares podiam captar um sinal. Quando Lúcio entrou naquele posto de beira de estada, não foi um espanto ver como estava vazio, embora naquele dia em especial, parecesse estar mais vazio do que nunca. Pediram um pequeno lanche. Rodeados pelo ar úmido e frio da serra, comeram enquanto cada um deles ponderava quieto, sobre uma parte de suas vidas.

Lúcio comia o final de um sanduíche de peito de frango enquanto Alan, sempre em silêncio, comia bem lentamente um pacote de mini-pães de queijo.

— Rigel – disse Alan subitamente.

— Quem era esse? – perguntou Lúcio.

— Era como me chamavam na fundação.

Lúcio interessou-se.

— Você está se lembrando, filho?
— Não muito... Só lembrei disso.
— Você disse fundação?
Alan apenas assentiu com a cabeça.
— Que fundação é essa?
Alan deu de ombros, como se isso não lhe preocupasse nem um pouco. Lúcio resolveu esperar. Já havia ligado para Amanda quatro vezes. Procurava loucamente por alguém que pudesse ajudá-lo a lidar com a situação de forma mais organizada. Sem contato, teve que lhe deixar uma mensagem na caixa postal. Quando pegou o celular de novo, Alan disse:
— Ela não vai atender de novo, pai.
Lúcio olhou para Alan com dúvida e assombro, e arriscou uma piada:
— Bom, quando ela for atender ao telefone você me avisa, tudo bem?
Mas Alan respondeu seriamente:
— Tá bom.
E o homem ficou sem palavras, rendido pela simplicidade do impossível.
Lúcio estava ponderando sobre as vantagens de se mudar para o interior contra morar em uma cidade grande quando se tem de criar um filho telecinético. Estava quase se acostumando com a idéia de postergar seu plano de comprar um sítio para poder pagar pela educação de Alan, quando notou que ele estava quieto demais, quase imóvel, com o olhar fixo em um ponto vago e os olhos ligeiramente arregalados.
A última vez que o havia visto assim, foi logo antes daquele homem, Lesath, entrar em sua casa pulando o muro. Como daquela vez, Alan virou-se para ele e disse:
— Pai, ele está aqui.
— Quem? Lesath?

Alan fez que sim. Desta vez, Lúcio não perdeu tempo. Levantou-se imediatamente levando Alan para a saída, e quando passaram pelo caixa com toda a pressa, deixando muito mais dinheiro do que o necessário para pagar o que comeram, Lúcio olhou de relance para a entrada. Dito e feito, Lesath estava na porta da frente.

Lúcio correu com Alan como poucas vezes na vida, e certamente como ele jamais imaginou que pudesse correr depois dos cinqüenta. A 10 metros do seu carro, ergueu sua chave e destravou-o à distância. Quando estava a três passos, viu a luz do carro acender e o motor dar a partida.

Lúcio parou por dois segundos após ver o carro ligar sozinho, mas Alan, que vinha correndo com ele, disse eufórico enquanto abria a porta do passageiro:

— Fui eu, pai! Vamos!

Lúcio deu a volta pelo carro e sentou no assento do motorista. Colocou a chave no contato por puro desencargo de consciência enquanto dava ré com toda a velocidade que o motor aguentava. No momento em que alinhou o carro para uma partida rápida, viu à sua direita Lesath saindo do restaurante e olhando diretamente para eles.

Após dar três passos, Lesath já havia coberto 15 metros. O carro estava acelerando a 50 quilômetros por hora, e a mão de Lesath passou a centímetros da porta. O veículo chegava agora a 80 quilômetros e Lúcio viu Lesath dar mais cinco passos e percorrer uma distância absurda, depois parar e voltar.

Lúcio saiu do posto a cento e vinte quilômetros por hora. Rigel subiu no assento para olhar para trás, mas seu pai, mais alarmado do que gostaria, jogou-o de volta no banco e berrou:

— Sente-se, Alan. E aperte o cinto!

"Maldito carro econômico", pensou Lúcio quando a 140 quilômetros por hora o carro começou a tremer. Ao entrar na primeira curva depois do posto, pode ver ao longe um outro carro sair cantando pneu.

 O carro que Lesath usava, era de longe bem mais potente que o seu. E eles estavam a uma boa distância do radar mais próximo. "Se eu passar por um radar em alta velocidade", pensou, "posso chamar a atenção das autoridades rodoviárias". Se ele e Lesath passassem, certamente eles iriam pensar que eram dois malucos tirando racha na estrada. Mas o plano era falho em princípio. O carro de Lesath ficava mais próximo a cada curva e a única esperança de Lúcio era a existência de uma patrulha rodoviária passando por ali, algo que, apesar de incomum, não era de todo impossível naquela estrada.

 Mas apostar nisso era risco demais. Se ele soubesse com certeza, ao menos poderia pensar em qual estratégia seguir. "Se houver uma patrulha logo à frente, eu só preciso pisar fundo. Mas se não houver..." E o carro de Lesath chegava cada vez mais perto.

 Lúcio notou Alan, sentado, com o cinto apertado, olhando para ele com o mesmo olhar estudioso de antes. Nem um pouco assustado, nem um pouco agitado. Parecia dopado, mas tinha o olhar fixo e alerta. Lúcio resolveu apostar no que não conhecia.

 — Alan, sabe as coisas que você pode fazer com a sua imaginação? – falou apressado entre uma freada e outra acelerada.

 Alan, como de costume, apenas acenou a cabeça de forma positiva.

 — Então, filho, eu preciso que você me diga se tem uma patrulha rodoviária mais adiante.

 Alan, na mesma hora, passou a olhar para frente, para um ponto vago, como olhava de vez em quando. Depois de segundos intermináveis, e com o carro de Lesath mais próximo, Alan disse:

 — Não.

— Droga! – Lúcio praguejou ao volante. "Mas calma! Ele me deu uma resposta! Ele sabe que não tem." E outra idéia veio à mente de Lúcio.

— Filho, você pode me dizer se vem algum carro na contra-mão?

Mais tempo, e Lesath mais perto. Estava agora a cem metros, talvez menos.

— Não – respondeu o garoto novamente.

Lúcio não teve tempo para pensar se seu filho estava errado ou ponderar as consequências do que ele estava para fazer caso estivesse. Havia uma curva brusca bem próxima. Lesath aproximava-se, chegando a 50 metros de distância quando Lúcio entrou na curva cantando pneu.

Após o carro de Lesath acabar de sumir no seu retrovisor, Lúcio jogou seu pobre e maltratado carro econômico para a esquerda, e pisou no freio até o fim. Depois de alguns segundos de luta para controlar seu veículo, viu que o carro de Lesath passava pelo seu lado, a mais de cem por hora.

Alan estendeu a mão e abaixou os vidros elétricos do carro. Lúcio não gastou muito tempo tentando entender por que o filho fez isso. Viu o carro de Lesath, a metros de distância deles, desgovernar-se, derrapar, pender para o lado, e capotar duas vezes na estrada antes de parar, com as rodas para o céu, em cima da cerca de segurança.

Lúcio pisou fundo e passou o carro de Lesath – "perda total, com certeza". No momento em que passava ao lado do carro capotado, viu uma das portas abrir. Saltando de dentro, Lesath caiu no chão, deu uma cambalhota, e ergueu-se, correndo na direção deles em velocidade sobre-olímpica.

Lúcio, incrédulo e frustrado, não pensou em nada para dizer além de:

— O que!?

Por mais que ele se recusasse a acreditar, lá estava Lesath, correndo a pé em direção a eles, e embora o seu carro acelerasse, a distância diminuía a cada segundo.

— Por que esse cara se dá ao trabalho de usar um carro se pode correr assim?

Alan respondeu calmamente em meio àquele tumulto:

— Ele não pode correr assim por muito tempo pai.

"Ele não precisa correr assim por muito tempo". Quando o veículo chegou a oitenta quilômetros por hora, viu que começou a se igualar à velocidade de Lesath, mas ele já estava praticamente em cima do seu carro, e dois segundos depois, saltou para cima do seu porta-malas.

Lúcio, por puro reflexo, neste exato momento freou novamente o carro. Despreparado para isso sentiu o veículo rodopiar e parar de lado na estrada. Lesath, que havia pulado para cima do carro, correu por sobre ele quando este freou. Saltou. Girou no ar. E caiu de pé ao lado deles, a uns dez metros.

Quando seu carro parou de girar, Lúcio retirou rapidamente uma pistola que tinha debaixo do banco e apontou-a para Lesath. Sua mão estendida passava diante da cara de Rigel e saía pela janela aberta do carro, aquela que Rigel abrira segundos antes.

E deu de cara com Lesath, dez metros adiante, apontando outra arma para ele.

Ficaram se encarando por um tempo que se estendeu interminavelmente. Nenhum carro passava na estrada. Lúcio não pôde deixar de notar e admirar que Lesath não parecia estar ofegante.

"É isso... um de nós morre aqui".

Lesath ergueu levemente os cantos da boca no que pareceu, a Lúcio, ser um sorriso triunfal muito bem mascarado, e abaixou a arma. Lúcio, sabendo o que deveria fazer e sem o menor remorso, atirou.

E descobriu que não conseguia puxar o gatilho.

Ele não conseguia. Ele simplesmente não conseguia. Ele mandava a ordem à sua mão, mas ela não obedecia. Era como se ele, no fundo, não quisesse. Mas ele queria, ele já tinha feito isso centenas de vezes, mas desta vez, simplesmente, a arma não atirava.

Lesath disse:

— Acabou Rigel.

— Vá embora, Lesath! Eu não quero voltar com você!

— Rigel volte! Estão todos mortos de preocupação! Alphard ficou chorando a noite toda por sua causa!

Alan, para quem o nome de Alphard não significava nada naquele instante, notou, então, que Lesath achava que ele ainda tinha algumas memórias.

Sua resposta foi simples, quase fria.

— Aquela não é minha casa, Lesath.

— Nós somos sua família, Rigel! – Lesath gritava.

Alan abriu a sua porta e saiu do carro, ficou de frente para Lesath enquanto respondia:

— Meu pai é minha família! Vocês mentiram para mim!

— E você nos traiu!

Lúcio percebeu que Lesath estava na beira do descontrole, e a última frase veio com um tom inegável de mágoa pessoal. Uma arma na mão de uma pessoa descontrolada nunca é uma boa idéia, pensou. A essas alturas, já tinha abandonado as tentativas de "fazer daquele cara uma peneira".

Mas Lesath tinha passado do ponto. "Ele deve realmente se importar com meu filho", pensou Lúcio, porque as próximas palavras vieram carregadas de mágoa:

— Nós lhe demos tudo! Nós lhe ensinamos tudo! Tudo que você é, deve a nós! E você nos traiu! Você prefere ficar com um mundano, um normal, do que com seus próprios irmãos!

Lúcio viu Lesath erguendo a arma em sua direção como se fosse em câmera lenta. Rigel, que estava do lado de fora, gritou, descontrolado:

— Você não vai machucar meu pai! Não! Ele é meu pai! Não!

Sentiu claramente, entre seus dedos inertes, que o gatilho da arma atendia a um comando não enviado por sua mão. Pressionado por uma força invisível, a arma atirou.

Lesath nunca completou o movimento que teria acabado com a vida de Lúcio. Quando a primeira bala o atingiu, Lúcio, que sentiu na hora seu controle muscular voltando, deu mais dois tiros em Lesath, acertando todos no seu peito.

Lesath caiu ajoelhado. Seus olhos claramente atônitos, olhando fixamente a Alan, com uma expressão clara de desapontamento e incredulidade. "Ele me matou... Ele atirou em mim... Como eu não vi isso? Como eu não vi que ele iria matar a mim ao invés de Astérope...".

Alan correu até ele e ajoelhou-se ao seu lado antes que Lúcio pudesse terminar de gritar:

— Filho, não!

Mas Alan tocava na face de Lesath enquanto esse procurava em vão por forças para abraçar aquele menino uma vez mais.

— Rigel... – dizia ele. — Volte para casa...

E Alan, no limite do controle, sussurrando, implorando desculpas, dizia:

— Aquela não é a minha casa, Lesath.

Lesath deixou a cabeça pender, e sem mais forças para nada, disse:

— Astérope...

"Eu falhei"

Foi seu último pensamento.

Lúcio aproximou-se bem lentamente de Alan. Seu filho ficou agachado com Lesath por ainda mais alguns segundos antes de erguer-se e assoar o nariz em seu casaco, incrivelmente composto.

— Alan – disse ele calmamente –, volte para o carro.

Seu filho obedeceu. Lúcio limpou sua arma, colocou-a no coldre e pegou a arma de Lesath, colocando-a no cinto. Vestindo um par de luvas de couro, ergueu o cadáver daquele paranormal e jogou-o pelo acostamento afora, observando-o deslizar morro abaixo até sumir em meio ao matagal. Ainda estava vivo quando caiu, mas não iria durar muito.

Quando voltou ao carro, rodou com ele apenas alguns metros, e parou ao lado do carro capotado que Lesath havia usado. Observou-o por um tempo, desolado.

— O que foi, pai?

Lúcio ainda fitou o carro por mais alguns segundos antes de responder.

— Este carro vai ser um problema para nós. Se ele tivesse caído estrada abaixo, pelo menos demoraria bem mais para ser percebido nesta região montanhosa. Do jeito que está, a polícia vai bater na nossa porta daqui a pouco tempo.

Mal ele terminou de falar, Alan saiu do carro, deu a volta, e ficou parado no meio da estrada olhando aquele carro.

Lúcio foi atrás e disse:

— Vamos, Alan, volte para o carro. Temos que sair logo daqui.

Mas quando ele também saiu do carro e tocou levemente no ombro de Alan, percebeu que ele estava assustadoramente quente. Alan estava com o olhar fixo, extremamente concentrado, e suava um suor morno. Seus punhos e sua mandíbula estavam cerrados, com força, e quase todos os seus músculos retesados. Deu um passo para trás, e, ou por medo, ou por pura ignorância, esperou.

Trinta segundos se passaram e nada aconteceu. Lúcio pensou que Alan deveria estar finalmente em choque depois de tudo o que aconteceu. Deu um passo em direção ao filho, ouviu um grande barulho de metal retorcendo, e viu o carro capotado de Lesath erguer-se pelo menos um metro e meio no ar. Deslizou suavemente para o lado, e no instante seguinte, como se todo o peso tivesse voltado a ele, caiu para fora da estrada, girando e girando para dentro da mata.

No exato momento em que o carro de Lesath caiu, Alan foi ao chão, ajoelhado, deixando escapar um grito involuntário de alívio e levando a mão à cabeça, como se estivesse sentindo de uma imensa dor de cabeça.

Lúcio amparou o filho que parecia totalmente relaxado agora, e, sem uma palavra mais, levou-o para o carro, absolutamente espantado. Colocou-lhe o cinto, e partiu dali o mais rápido que podia.

Dez minutos depois, Alan começou a chorar copiosamente.

Capítulo XI

A despedida de Lesath

A grande consternação e luto generalizado que Alphard tanto queria que acontecesse no café da manhã atingiu a Cosmos pouco depois do almoço, quando Vega anunciou a todos os alunos que Rigel havia fugido da Fundação.

Conforme as crianças mais jovens terminavam de comer, e comeram bem rápido desta vez, elas se aproximavam da mesa dos professores para perguntar maiores detalhes. Rigel tinha muitos amigos na Cosmos, e a sua fuga provocou, como Alphard imaginava, toda a espécie de reação: da tristeza à revolta. Algumas crianças, não contendo sua emoção, choraram, e Alphard ficou levemente incomodada com essa demonstração tão clara de descontrole emocional.

"Nunca vão ser capazes de ler mentes, deixam se levar por qualquer rompante emocional." Mas logo depois, lembrando-se da sua própria reação na noite anterior, calou seus pensamentos, envergonhada.

Alphard, Procyon e Deneb foram também ouvir a conversa que estava acontecendo na mesa dos professores, e logo, todo o refeitório havia convergido para lá. As crianças se amotinavam para ouvir como isso aconteceu, porque ele fugiu, para onde ele foi, entre outras explicações.

— Porque ele não sabia, Aludra – explicava Vega. Quando viu que Alphard chegou perto, achando que ela estava ainda arrasada pela fuga de Rigel, lançou-lhe um olhar de solidariedade. Ela, aturdida demais pela revelação de poucas horas atrás, sabendo muito bem por que ele havia fugido, retribuiu mecanicamente.

— Crianças – Vega começou de novo –, ele não sabia na verdade. Todos vocês sabem como é o mundo lá fora. Como as pessoas normais são, como elas se tratam umas às outras e como elas tratariam vocês, se soubessem que são paranormais. Mas para Rigel, isso não era o bastante. Queria saber por ele mesmo. Não aprendeu isso quando nós falamos para ele e quis viver pessoalmente todas essas coisas.

— Mas as pessoas vão tratá-lo mal! – disse Atria pouco convencida.

— Sim, Atria, vão. E Rigel nunca vai se sentir em casa enquanto estiver no mundo lá fora. As pessoas vão ter medo dele, do que ele pode fazer e vão querer maltratá-lo. Mas às vezes, Atria, não adianta saber algo para aprender realmente. Para saber de verdade, você tem que vivê-lo.

Procyon observava tudo aquilo junto com os outros. Não pôde deixar de perceber naquela hora, e a idéia ficou com ele por muito tempo, que tudo o que Vega estava dizendo era verdade. Ele não havia mentido em nenhum momento, e mesmo assim, estava escondendo tudo. E ninguém via. Estavam todos tão envolvidos com a fuga de Rigel e com a crença que os professores tinham apenas os seus interesses em mente, que ninguém desconfiou de nada.

"Eles não querem ver a verdade... E os professores sabem. Eles nos enganaram esse tempo todo contando um mínimo de mentiras... Somos nós que nunca desconfiamos...". E Procyon, secretamente, nunca esqueceu essa lição.

Mas Atria estava respondendo a Vega:

— Mas eu sei disso! E eu não quero sair daqui!

— Eu sei, Atria, mas você e Rigel são pessoas diferentes. Lembra-se quando você estava brincando e foi se esconder na casa de força e quase morreu com o choque? – Ela lembrava, sim, e isso ficou bem claro pelo seu olhar. Vega prosseguiu. — Então, nós tínhamos falado para você que lá era perigoso, mas mesmo assim você quis experimentar, não é?

— É... – disse Atria, levemente repreendida.

— Então, é a mesma coisa, só que Rigel fez algo muito mais perigoso do que vocês todos, ele fugiu da Cosmos.

— Professor Vega, quando o Rigel vai voltar?

— Não sabemos, Kaitos. Olha, Lesath e Astérope estão tentando trazê-lo de volta. E vocês todos conhecem o Lesath e a Astérope, eles com certeza vão conseguir.

— A gente vai continuar tendo aula?

Vega sorriu francamente.

— Sim, Altair. As aulas e exercícios vão continuar normalmente na segunda-feira. Se o Rigel ainda não...

E Vega fez silêncio. Seus olhos se abriram e dominaram seu rosto. Sua boca muda dava voz a um espanto impensável.

Para um telepata, não existe distância física. A única distância é a mental - o quão ligadas estão duas mentes. E Lesath, o popular Lesath, o grande Agente Lesath que nunca perdia uma oportunidade de falar por horas a fio sobre suas missões com os alunos, que dava aulas de psicometabolismo e sempre fazia delas um jogo, o amigo Lesath que sempre trazia presentes para as crianças dos países que visitava em missão, Lesath tinha grandes amigos na Cosmos.

Sentiram, naquele momento, a sua passagem.

Polaris segurou o braço de Vega e apertou-o com força. Kaus olhou atônito para o lado, procurando quem mais havia percebido.

Alphard foi invadida por um súbito sentimento de desespero. Um grito mudo. Um apelo que transcendia o espaço. Lembrou-se imediatamente de Lesath como se ele tivesse acabado de sair da sala. Ouviu sua voz como se ele estivesse ao seu lado. Cada vez mais fraca. Cada vez mais tênue, até sumir: desaparecer completamente.

Vega ergueu-se e disse, calma e muito controladamente:

— Crianças, com licença, eu preciso ir – e partiu sem mais uma palavra. Alphard sabia muito bem para onde ele ia: falar com Rasalas.

"O que está acontecendo, Al?". A voz de Procyon soou em sua mente. Alphard virou-se aos amigos e enviou-lhes a sensação, nítida como estava, da morte de Lesath.

Procyon e Deneb se olharam, apavorados. Nunca antes havian sentido a morte de um amigo, mas o sentimento era inconfundível.

Em suas mentes, trabalhavam novas possibilidades.

Então Lesath tinha sido enviado para pegar Rigel, e eles sabiam que Lesath era um dos criminosos que os tinha raptado quando nasceram. Rigel fugiu da fundação, e Lesath foi enviado para capturá-lo. Era só ligar os pontos e chegar à óbvia conclusão: Rigel matou Lesath.

Ainda assim, eles conheciam Rigel e Lesath, era difícil acreditar que um seria capaz de matar o outro.

"Mas se não ele, quem?"

Alphard e Deneb ouviram Procyon:

"Vamos para o meu quarto conversar."

Assentiram com a cabeça e saíram do refeitório com ele.

Assim que eles entraram no quarto de Procyon, Deneb foi sentar-se em uma cadeira, claramente preocupado. Alphard não conseguindo se conter, despejou:

— Eu não acredito! O Rigel matou Lesath! Não é possível!

— Calma, Al, você viu isso? Tem certeza que foi o Rigel?

— Não, não vi de verdade, mas tá na cara!

— Eu também não vi nada disso – disse Deneb –, a gente não sabe na verdade o que aconteceu, só que Lesath morreu.

— Mas quem mais pode ter feito isso? – Alphard desafiou.

— Rigel não mataria Lesath, Al.

— Não? – agora desafiando Procyon.

Silêncio. Os três sabiam que, depois do que haviam descoberto, matar um professor não seria a última coisa em que eles pensariam se quisessem escapar.

— Nós temos que saber com certeza o que aconteceu – ponderou Deneb.

— Temos? Por quê? – questionou Procyon.

— Procyon, se Rigel matou Lesath, então ele está em perigo. Muito perigo. Isso quer dizer que os agentes da Cosmos estão atrás dele e não estão para brincadeira. Ele pode precisar da nossa ajuda... Bom, pelo menos, da ajuda de vocês.

— Por que da nossa e não da sua, Deneb?

— Bom, eu não posso sair do meu corpo. Se a gente conseguir localizá-lo, vocês podem ajudá-lo do Astral, mesmo sem fugir da Cosmos. E a gente não precisa chamar tanta atenção assim quanto ele chamou quando escapou.

Procyon e Alphard se olharam. Por fim, Procyon disse:

— É verdade, Al. Nenhum professor sabe sair do corpo, só nós. Nós podemos ajudar o Rigel do Astral.

— Eu não sei, Procyon. A gente nunca tentou fazer algo do Astral no físico.

— Bom, mas mesmo assim, a gente tem que saber, não é?

— É... Tem razão.

Deneb ergueu-se.

— Então vamos.

— Vamos? Aonde?

Deneb olhou para cima como se tivesse que explicar o óbvio pela décima vez:

— Para o quarto de Lesath! Vamos pegar um objeto dele e ver o que foi que aconteceu.

E enquanto iam apressadamente pelos corredores, Alphard concentrou-se em Deneb e ele ouviu:

"Como vamos entrar?"

Ele simplesmente virou para ela e piscou.

Quando chegaram em frente ao quarto trancado de Lesath. Deneb ajoelhou-se diante da porta e disse:

— Al, eu vou precisar de alguns minutos. Avise-me se alguém for passar pelo corredor, sim?

A resposta de Alphard foi voltar-se para o corredor e relaxar a mente, aberta para quálquer intuição que viesse.

Enquanto isso, Deneb simplesmente colocou a mão na fechadura e fixou-a intensamente. Procyon viu-o respirar cada vez mais pesado, mais rápido, e dali a dois minutos, ele começou a suar. Parecia estar passando por um esforço imenso, seu rosto vermelho e molhado. Em certos momentos, quase deixava escapar um gemido estrangulado, como se estivesse empurrando um grande peso.

Cinco minutos depois, e antes que qualquer um passasse por aquele corredor, a porta deslizou para dentro, como se estivesse aberta o tempo todo. Deneb apoiou-se no chão, respirando profundamente, enquanto Procyon e Alphard entravam. Parecia muito cansado quando se ergueu e apoiando-se no batente da porta, entrou.

—Você é telecinético também! – Procyon estava impressionado.

— Kappa um. Rigel é Kappa sete, ele teria feito isso brincando. Eu mal consigo abrir uma porta. Ele consegue erguer toneladas.

Alphard escolheu um porta-retratos com a foto de Lesath e Astérope que tinha claro valor sentimental, e estendeu-o a Deneb, mas este, ainda ofegante, disse:

— Vai você, Alphard. Eu preciso de um tempo para descansar.

Procyon, que não tinha a menor capacidade vidente, sentou-se em uma cadeira enquanto Deneb se reclinava na cama e Alphard apalpava o porta-retratos, já olhando para um ponto vago e deixando a mente solta.

Com a porta novamente trancada por dentro, os três tomaram seu tempo enquanto Alphard trabalhava com a sua vidência. Mas a foto escolhida realmente tinha uma grande ligação com Lesath e a morte dele havia ocorrido há minutos atrás. A conexão logo se estabeleceu e Deneb e Procyon perceberam o momento exato em que ela começou a receber as visões: seu rosto contorceu-se em um misto de dor e susto.

Porém, alguns instantes ainda se passaram antes que ela começasse a falar:

— Estou vendo... Lesath... Ele está com uma arma... Tem um homem também... Rigel está lá... Lesath está muito triste, e muito bravo...

Mais um tempo se passou.

— Eles brigaram... Lesath e Rigel brigaram...

Procyon e Deneb dedicavam a ela toda a sua atenção agora.

— O homem atirou... Em Lesath...

Os meninos se olharam. Então não tinha sido Rigel quem matou Lesath... Mas Alphard ainda não tinha saído da visão, e eles esperaram.

— Rigel... Foi Rigel quem fez o homem atirar...

E ao dizer isso, já envolvida demais com a situação para manter uma retrocognição, Alphard abriu os olhos aguados enquanto sentava, controlando-se. Procyon foi imediatamente ao seu lado, oferecer um consolo quieto.

Ela só pode dizer:

— Foi ele sim...

O carro de Astérope estava parado no acostamento há meia hora. Depois da freada brusca, na qual ela quase causou uma avalanche de acidentes, foi jogada no acostamento com o carro semidesgovernado. Depois das inúmeras buzinadas dos motoristas irados, ela ainda ficou tremendo por bem uns cinco minutos, digerindo pouco a pouco o choque da morte de Lesath.

Ela havia sentido tudo como se estivesse lá. De repente, começou a sentir-se eufórica, acelerada, e soube que era Lesath que estava tenso, usando suas capacidades no seu limite. Desesperada para ajudá-lo, imediatamente fez meia volta com o carro e começou o caminho de volta, em direção às montanhas.

Mas ela já estava a horas de distância, e nos minutos seguintes, as sensações de Lesath apenas a deixaram mais apavorada.

Primeiro foi raiva. Depois, mágoa, e por fim, quando a própria Astérope mal conseguia se agüentar com as emoções de seu marido, vieram três pontadas perfurantes, três facadas finas e frias em seu peito. Astérope sentiu os tiros como se fossem nela, e no exato momento em que Lesath caia no chão, Astérope freava o carro com um grito fraco demais para ser ouvido. Sentiu seu amado escapando para além das suas percepções. A exata sensação de deixar alguém escorregar pelas suas mãos. E quanto mais ela se concentrava nele, mas sua mente ficava fraca, tênue, até ser apenas uma memória, e depois, nem isso.

Ele se foi. E Astérope sabia, melhor do que qualquer pessoa, que em seus momentos finais, ele não teve medo, nem raiva, nem dor... ele pensou nela, e teve apenas o sentimento invencível de ter sido traído e de ter falhado.

Por longos e insuportáveis minutos, Astérope realmente acreditou que nunca mais conseguiria mover um músculo. Sentada no banco do seu carro, ela soluçava fracamente, repetindo o nome de Lesath, procurando, mais uma vez, alcançar sua mente, como antes ela o fazia independente da distância que os cercavam.

Mas ele não respondeu a seus chamados e nunca mais responderia. Ele havia partido. E ela, que nunca foi mulher de se deixar deprimir, logo preencheu o espaço vazio com a primeira, e mais óbvia emoção que lhe apareceu, e com um único pensamento formado:

"Eu vou matar aquele pirralho".

Astérope, que até gostava de Rigel, e havia, vez ou outra, sentido orgulho em ter um aluno como ele, abandonou naquele instante todas as experiências passadas e toda a memória do convívio em nome daquela única emoção, pura, clara, simples, que lhe assolava. Tudo o que ela antes pensava e sentia sobre Rigel, em segundos, sumiu.

Só o que ela via em sua mente era Lesath, e o via exatamente do jeito que ele havia morrido.

Quando ela novamente pisou fundo no acelerador, não estava mais pensando em trazer Rigel de volta à Cosmos, mas em como ela iria vê-lo morrer. De qual das várias formas ela se deliciaria com sua dor. E embora ela elaborasse com requintes as diversas formas de matá-lo, na verdade, a forma exata pouco importava. Só uma coisa era importante para ela, conforme seu carro deslizava pela rodovia.

A morte de Rigel.

Capítulo XII

A dor de Astérope

Lúcio ainda teve de parar o carro para consolar seu filho antes de continuar dirigindo. A estas alturas, já não conseguia mais imaginar para onde ele poderia ir que um grupo de paranormais assassinos não fosse encontrá-lo.

Consolar Alan não foi a tarefa fácil que ele imaginava que seria, tanto por causa da sua completa incompetência para lidar com crianças, quanto pela qualidade incompreensível dos motivos da dor de seu filho. Alan chorou abertamente por apenas alguns minutos, e momentos depois, havia se controlado novamente. Apesar disso, era claro para Lúcio que ele ainda estava muito mal. Lúcio, não entendendo muito bem a diferença entre controlar uma emoção e negar uma emoção, achou, erradamente, que seu filho estava mais fugindo da situação do que realmente controlado.

— Filho – ele lhe dizia, com o carro parado no acostamento e a voz mais consoladora que podia –, o que aconteceu foi um acidente. Ele ia me matar. Eu me defendi.

E Alan ouvia seus consolos, imóvel, com os olhos fixos à frente. Quando Lúcio tocou em seu ombro, porém, foi como se todo aquele menino tivesse sido ligado pela emoção. Virou-se subitamente para o pai, com a luta do autocontrole espelhada em seus olhos.

E Lúcio tentava:

— Não foi culpa sua, filho. Está tudo bem...

Mas Alan disse com a voz saída de um poço de dor:

— Foi sim, pai.

Lúcio entendeu, então, como já sabia, mas ainda tinha dificuldades em aceitar, que o primeiro tiro em Lesath, o tiro que rompeu seu domínio telepático sobre Lúcio, havia sido dado por Alan. Lúcio completou o serviço, mas Alan havia dado o primeiro tiro. Ficaram ambos se olhando. Quietos. Até ele completar:

— Fui eu quem o matei. Eu estava com ele. Eu senti tudo.

E depois disso, quando as palavras não poderiam mais ter nenhum efeito, quando a dor transcendia qualquer frase ou oração, pai e filho, igualados no choque e no remorso, encontraram companhia quieta na alma um do outro. Abraçaram-se, Lúcio e Alan. Ficaram assim por muito tempo, até que ambos sentissem que poderiam ir em frente.

A expressão de Alan, ao contrário do interesse científico de antes, estava agora fixada em uma imagem de tristeza e solidão. E apesar de Lúcio ter tentado várias vezes puxar assunto, evocar alguma reação do filho para tirar sua mente da cena que ele teve de assistir e vivenciar, Alan permanecia calado e quieto.

O que mais ainda o preocupava.

Lúcio já havia visto várias crianças com armas na mão e assassinatos nas costas ao longo da sua vida. O fato em si não era novo para ele. A novidade, e isso sim o assustava, era que aquela criança assassina em específico, era seu filho. E não só ele tinha cometido um assassinato, embora fosse em legítima defesa, mas esse assassinato tinha sido realizado por uma pessoa que, momentos depois, ergueu um carro inteiro com a força da mente.

Lúcio tinha a total consciência naquele momento que não era capaz de compreender ao certo até onde seu filho poderia ir; o alcance real das suas habilidades. Achava, pelo esforço que Alan demonstrou, que erguer um carro era algo próximo ao seu limite. Mesmo assim, se ele conseguia erguer um carro, o que não seria capaz de fazer com uma pessoa... O que, em um momento de raiva, ele não poderia destruir?

Naquele momento Lúcio começou a entender por que ele parecia ter um autocontrole tão grande. "Quem quer que tenha transformado meu filho nesta coisa, sabia que ele teria que se controlar muito bem para não acabar com o mundo à sua volta... Mas a que preço este controle foi desenvolvido? Quantos prazeres e dores, sorrisos e choros ele jamais conheceu porque estava o tempo todo se preocupando em controlar suas emoções?"

"Transformaram meu filho numa arma e tiraram-lhe a infância. Aos doze anos, ele já perdeu completamente a infância", e Lúcio já tinha, também, visto várias crianças com a infância roubada para deixar de percebê-lo no olhar do filho.

— Eu olharia para frente se fosse você – disse-lhe Alan virando-se para ele rapidamente.

Lúcio, tomado de surpresa, demorou alguns segundos para registrar a frase, antes de olhar para frente.

Estava para bater em um carro vindo no sentido oposto. Jogou o carro para a direita no último instante, provocando uma justa buzinada.

Lúcio respirou aliviado, antes de ver o carro no qual eles quase haviam batido – um importado, preto, com teto solar e vidros filmados – derrapar na pista, dar um cavalo-de-pau, e partir na sua direção vindo de trás.

"Ah, não... De novo não...". Lúcio pensou se não dava para tudo piorar quando, novamente, acelerou seu carro ao limite, maldizendo o dia em que comprou um modelo econômico.

— Alan, quem é que está atrás de nós agora? – Lúcio perguntou como se Alan não só soubesse com certeza, mas um pouco contrariado por ele não o ter avisado antes.

Alan olhou para ele e deu de ombros com uma clara expressão de: "Como é que eu vou saber?", e Lúcio decidiu que todo esse negócio de clarividência era subjetivo demais para ser confiado.

Mas o carro que o perseguia, como ele bem sabia que ocorreria, estava chegando perto. Parecia também ser um modelo econômico, mas, sendo importado, era naturalmente mais potente. A distância entre eles diminuía aos poucos, mas Lúcio, conhecendo bem a estrada, ganhava uma vantagem a cada curva que faziam. Era visível que o motorista não sabia dirigir rapidamente: só o alcançava quando estavam ambos em linha reta.

Lúcio viu o carro emparelhar com o seu por trás e tentar se aproximar pela sua esquerda. A cada curva, o outro motorista tentava fechá-lo. Mas Lúcio sabia que logo adiante vinha um grande trecho reto, e suas esperanças de escapar de quem quer que fosse, morreriam ali.

Tentou o mesmo truque que havia usado contra Lesath. Em uma curva, jogou o carro para a esquerda e freou. O motorista, desavisado, freou também e derrapou na pista, seu carro dando meia volta e parando na pista oposta, de cara com o de Lúcio. Mas Lúcio já estava novamente acelerando, e quando o motorista conseguiu dar novamente meia volta, havia uma grande distância entre eles.

Alan, quando a perseguição havia começado, sentou-se em seu banco e apertou o cinto sem uma palavra. Não falava nada. Nem mesmo tinha uma expressão de medo, choque, ou excitação. A cada curva, virava o rosto tentando ver quem era o motorista oponente.

Entraram, então, em um grande trecho em linha reta na estrada, passando sobre uma ponte construída entre dois morros. Lúcio viu o carro oponente chegar cada vez mais perto.

Foi quando ouviu Alan falar calmamente:

— Olhe para frente, pai.

Lúcio viu um outro carro, que vinha a uma velocidade bem maior que a sua na pista oposta, subitamente virar para a esquerda, entrar na sua própria pista, e acelerar de encontro a ele.

Dois carros! Dois carros o estavam perseguindo! Um pela frente, outro por trás. Agora sim, não dava pra piorar.

Não houve tempo para nada. Falar, sentir, pensar, só agir, e só uma ação nascida de um reflexo treinado pela experiência. No último instante, Lúcio jogou seu carro para a esquerda, mas estava em uma ponte, e isso fez com que virasse de cara para a beirada.

Mas o segundo carro, que vinha de frente, estava próximo demais, e pegou a parte traseira do seu carro, fazendo-o girar e capotar em plena ponte. Naqueles breves instantes, Lúcio viu o mundo inteiro dar voltas à sua frente. Seu assento chacoalhou violentamente e ele teve a clara impressão de quatro ou cinco ossos deslocando. Seus vidros laterais estavam estilhaçados, mas os estilhaços todos foram projetados para fora. Estava tonto, mas achou que não havia se ferido.

Um segundo depois, Lúcio percebeu que estava de ponta cabeça.

— Alan! – gritou.

— Estou aqui, pai – ouviu a voz de Alan já não tão calma agora.

Lúcio desfez o fecho do cinto e começou a liberar o de Alan, mas neste momento, o carro foi violentamente chacoalhado. Lúcio viu sua porta amassando e ouviu o barulho estridente de metal retorcendo.

Estavam empurrando seu carro para fora da ponte!

Quando Cláudio viu um carro logo à frente de Lúcio passar para a sua pista, freou no mesmo instante. A antiga manobra de Lúcio, que havia distanciado-o dele abrindo uma larga vantagem, foi o que o impediu de um acidente fatal quando viu o carro de Lúcio sair para a esquerda, ser atingido em cheio na parte de trás, rodopiar pela pista, capotar e parar metros adiante.

Cláudio viu, claramente, que a motorista do carro que havia batido em Lúcio era Astérope.

Isabela, ao seu lado, também notou Astérope. Pegou uma arma debaixo do banco e abriu a porta.

Foi quando eles viram Astérope, que parecia não os ter percebido, dar ré com seu carro, atingir em cheio o carro capotado de Lúcio e empurrá-lo para o lado da ponte.

— Meu Deus! Ela está louca! – exclamou Isabela enquanto saia do carro, apontava a arma para Astérope, e atirava.

Astérope, que estava completamente absorta no fim irremediável de Rigel, dando ré e olhando para trás. Não percebeu o perigo e as intenções de Isabela até que ela tivesse atirado. Felizmente para ela, Isabela era uma péssima atiradora, e errou os três tiros. Quando Astérope virou-se para frente e a viu, entendeu na mesma hora quem havia sido o traidor que permitiu a fuga de Rigel, e a conseqüente morte de Lesath.

O ar entre elas congelou quando, cruzando olhares, Astérope e Isabela travaram uma luta silenciosa entre o ódio e a traição. Que Isabela tivesse uma arma na mão e a estivesse apontando para Astérope, pouco importava. Astérope, que já era um pouco suicida antes disso, não tinha naquele momento a menor preocupação em continuar viva. Tinha também uma arma muito melhor, a telepatia, na qual era bem mais potente que Isabela.

Quando Astérope saiu do carro, fitando Isabela, esta sentiu seu braço torcendo involuntariamente. A mão com a arma deixou de apontar para Astérope e, lentamente, voltou-se à sua cabeça.

Isabela, que se deixou levar pelo susto inicial, resistiu à indução de Astérope com toda sua concentração. Sabia, porém, que dado tempo o suficiente, Astérope certamente a venceria. Sem alternativas, puxou várias vezes o gatilho da arma antes dela chegar à sua face, descarregando-a.

Astérope, levemente contrariada, cancelou a indução telepática que exercia sobre Isabela e começou a correr em sua direção. Decidiu-se por resolver isso de uma forma um pouco mais prazerosa: com uma bela briga.

Isabela, aceitando o desafio, correu em direção a Astérope. "Só o que eu preciso é ganhar tempo o bastante para meu pai soltar Rigel e Lúcio".

Quando as duas mulheres se encontraram no meio da estrada e começaram a se digladiar, Cláudio chegou à porta do carro de Lúcio e começou a puxar Rigel para fora.

Astérope pulou por cima de Isabela caindo logo atrás, dando-lhe uma cotovelada nas vértebras. Isabela agarrou seu braço, jogando-a longe. Quando Astérope caiu no chão, Isabela já estava em cima dela com uma seqüência de chutes que lhe renderam dois gritos de raiva. No terceiro, Astérope agarrou a sua perna, fazendo-a cair, jogando-se para cima com uma cama-de-gato.

Isabela rolou para trás e ficou por dois segundos cara a cara com Astérope. Olhou brevemente para o carro de Lúcio, onde Cláudio terminava de ajudar Rigel a sair e se preparava para buscar Lúcio, se ele estivesse bem.

Quando deu por si, Astérope estava em cima dela com uma seqüência de socos dados com a mão aberta e os dedos retorcidos. Rasgou sua blusa com unhas afiadas, lançando seu sangue na estrada.

Isabela caiu no chão com o peito retalhado enquanto Astérope pulava sobre ela e a estrangulava com uma mão, ao mesmo tempo em que erguia a outra para destruir sua cara. Estava com um sorriso excitado e sádico no rosto, e não o perdeu nem mesmo quando Isabela, aparando com uma mão a seqüência enlouquecida de ataques de Astérope, encurvou a cintura e meteu-lhe um chute na nuca que a fez cair para frente.

Como gatos, as duas mulheres imediatamente rolaram no chão e se ergueram. Desta vez, sem pausa, jogaram-se uma contra a outra. Durante uma seqüência de socos e aparos, Cláudio ajudava Lúcio a sair do carro enquanto Alan, ainda estonteado pelo acidente, observava a luta das duas.

Astérope, sempre mais rápida, jogou-se no chão passando uma rasteira em Isabela. Antes que ela caísse no asfalto, Astérope já estava sobre ela dando com um golpe na barriga, e quando ela se dobrou de dor, outro no rosto.

Durante todo o próximo minuto, Astérope cansou-se de socar a cara de Isabela até que ela estivesse bem passada do ponto da inconsciência. Com cada golpe, uma nova expressão de esforço e um novo gemido de raiva. Quando se ergueu, suada e ensangüentada, permitiu-se olhar por um tempo mais na forma inconsciente e inchada de Isabela, e soltou:

— Vaca!

Foi quando notou Cláudio, Alan e Lúcio, observando-a calados.

— Achernar – disse Astérope –, eu devia saber que tinha sido você. Sempre conversava com Rigel pelos cantos.

Cláudio não disse nada. Lúcio retirou do seu paletó uma arma, e fez meio arco com seu braço no movimento de apontá-la para Astérope. No meio do movimento, como antes, sentiu o próprio braço parar de responder a seu comando, recusar-se a completar o gesto.

— Pare! Deixe meu pai em paz! – gritou Alan.

Astérope olhou fixamente para Alan, e com todo o peso do ódio que sentia, disse-lhe:

— Morra, fedelho.

No instante seguinte, Lúcio apontava a arma para Rigel. Lúcio, no limite do terror, incapaz de se conter, deixou-se cair retirando a força das pernas. No instante seguinte, ouvia sua arma atirar repetidas vezes. Para onde, porém, nunca soube, porque no momento em que estava caindo, sentiu seu braço ser jogado para longe, e viu, caindo ao chão, sua arma descrevendo um longo arco, arremessada telecineticamente em direção à mata abaixo.

— Deixe meu pai em paz! – gritou Rigel, agora claramente descontrolado.

Cláudio deu dois passos em direção a Astérope, mas sentiu-se tonto, e caiu no instante seguinte. Astérope, agora certa da sua vitória, disse:

— Você vai morrer, moleque! Eu vou ferver a sua carne viva! Eu vou queimar a sua cara e cortar os seus braços! Você matou o meu marido... e agora vai pedir pra morrer!

Alan, cujo treinamento telepático era mínimo, sentiu claramente o impulso das emoções de Astérope lhe atingir. Em vão, tentou bloquear o ataque com toda sua atenção, mas Astérope era uma telepata treinada muito antes dele nascer. No instante seguinte, enquanto Lúcio se erguia do chão, Alan caía, berrando incontrolavelmente. Sentia todo o seu corpo queimar por dentro.

Alan gritou. Um grito pungente, um grito desesperado e preenchido de um pavor irracional. Um grito que arranhou os ossos da alma de Lúcio, um grito como ele poucas vezes ouviu na vida. Muito rapidamente, sem a menor demora, sem a menor dúvida ou remorso, Lúcio puxou a arma de Lesath que havia guardado e deu três tiros em Astérope.

No mesmo instante, Alan, que cego de dor via apenas Astérope em sua mente, lançou-lhe um olhar e, emendando em seu grito anterior, disse:

— Quem morre é você!

Astérope, surpreendida pelos tiros, deixou sua concentração quebrar. Tentou ainda mais uma vez, tarde demais, um ataque mental em Alan. Mas quando tinha finalmente concentrado a atenção necessária, sentindo-se já anestesiada nas extremidades, ouviu um grito estridente vindo de Alan. Foi jogada violentamente contra a beira da estrada, batendo na cerca de concreto que protege os carros, ouvindo o som de algo quebrando nas suas costas.

No instante seguinte, Lúcio, que havia se erguido e estava ajudando Cláudio, viu aquela mulher soltar o segundo grito mais pungente que jamais ouvira. Irrompeu subitamente em chamas. Viu sua face sendo corroída pelo fogo enquanto seus gritos, desesperados, enfraquecidos pela vida condenada pelos seus tiros, tentavam em vão apelar para o perdão.

Alan, de pé, tremendo, fitava-a tão intensamente quanto fez àquele carro. Lúcio viu uma perna, um braço daquela mulher serem retorcidos como borracha, e ela, uma bola de fogo que gritava, foi arremessada ao ar, descreveu um arco desesperado e flamejante no ar, e caiu dezenas de metros abaixo, em meio à mata.

"Então é isso que ele pode fazer com uma pessoa quando perde o controle..."

Alan estava o tempo todo gritando. Ajoelhou-se no chão e deixou seus gritos se transformarem em soluços e choro. Lúcio foi ampará-lo, e ao mais breve toque, seu filho o abraçou, tremendo, soluçando como se ele mesmo tivesse sido queimado.

Lúcio sabia que Alan nunca mais iria se livrar daquele dia e daquele momento. Pelos anos que se seguiriam, ele seria assombrado pelo que fez. Acordaria às noites, como ele mesmo tantas vezes acordou, suando, vendo e revendo as faces das suas vítimas quando, em seus momentos finais, elas lhe direcionavam um último olhar implorando piedade.

Lúcio sabia... Ele tinha seus próprios pesadelos... E jamais os teria desejado ao filho e a criança alguma.

Cláudio ajudou Isabela a erguer-se, e, depois de um tempo observando pai e filho, juntou-se a eles. Alan ainda estava chorando quando Isabela acariciou sua face com a mão ensangüentada, e a este breve toque, o fez dormir.

Lúcio estava aterrorisado, espantado e assustado muito além do que as palavras permitiriam. Vendo seu estado, Cláudio disse:

— Senhor Lúcio Costa. Eu sinto muito que tenhamos nos encontrado desta forma. Meu nome é Cláudio Ribas Machado. Esta é minha filha, Isabela. Eu sei que a hora é péssima senhor, mas peço-lhe que saiamos daqui o quanto antes.

Isabela entrou no carro preto importado e Cláudio abriu a porta de trás, convidando Lúcio a entrar. Este observou-o por um momento e disse:

— Vocês...

Cláudio esperou. Lúcio percebeu que sua voz saiu mais rouca e abalada do que pretendia soar. Compondo-se, disse:

— Vocês salvaram nossas vidas.

Cláudio apenas assentiu calmamente com a cabeça. Lúcio, ainda sem se mover, perguntou:

— Aonde nós vamos?

Cláudio inspirou um pouco mais fundo, observando Lúcio atentamente antes de responder:

— Vamos para minha casa, senhor Lúcio. É hora de algumas explicações.

Capítulo XIII

A história de Achernar

Cinco horas mais tarde, depois de uma viagem tranqüila, um lanche quieto e um banho rápido, Lúcio sentava-se em um sofá na sala de estar de Cláudio, pronto para a conversa que ele havia prometido.

Até aquele momento, seu anfitrião não havia sido muito eloqüente. Durante a viagem até sua casa, um grande casarão em meio a um sítio bem cuidado nos arredores da capital, ele havia trocado poucas palavras com Lúcio, principalmente para pedir-lhe paciência. A certa altura, logo depois de Lúcio e Alan entrarem no carro, Cláudio deu um telefonema enigmático e, ao terminar, disse simplesmente:

— Tem um pessoal meu cuidando de "limpar" o local do acidente. Você não precisa se preocupar com as autoridades.

Durante todo o caminho, Lúcio, embora imensamente grato por estar vivo, não podia deixar de sentir um certo receio de Cláudio e Isabela. Era evidente que eles não eram as mesmas pessoas que estavam atrás de seu filho, mas não sabia exatamente quem eram. Demonstraram ter à disposição vários recursos. Ele não conseguia evitar a apreensão.

Ainda assim, eles salvaram sua vida e de Alan, e isso contava muito para ele. Independente de seus motivos, era óbvio que eles o queriam vivo, e isso, aliado ao fato de que havia um outro grupo que declaramente o queria morto, era razão mais do que o suficiente para ele ir com Cláudio.

Alan dormiu a viagem toda. Um sono tranqüilo, sem nenhuma interrupção. Isabela, a suposta filha de Cláudio, que parecia certamente ter levado a pior surra da sua vida, ficou quieta a viagem inteira. Nem ao menos emitiu um gemido de dor ou reclamação. A única coisa que ele viu Cláudio ou Isabela fazerem que delatou alguma capacidade parecidas com as do filho foi colocarem Alan para dormir. Fora isso, pareciam perfeitamente normais. Excessivamente quietos, mas perfeitamente normais.

Cláudio, tentando ser hospitaleiro, ofereceu a Lúcio, insistiu na verdade, um suntuoso lanche, seu banheiro e roupas limpas antes de qualquer conversa mais séria.

Alan ainda dormia, agora em um dos quartos de Cláudio. Isabela, que o tinha colocado para dormir, apareceu quase no mesmo momento que ele, de banho tomado e com a cara coberta de inchaços e marcas. Já bem menos acentuados que antes. Mesmo assim, comportava-se como uma rainha. Sua voz não traduzia a menor nota de dor ou incômodo pelo seu estado deplorável.

— Ele está bem – dizia Isabela –, vai dormir por um bom tempo ainda, pobre criança.

Lúcio sentiu que não seria educado partir direto para os finalmentes da conversa depois de Cláudio ter lhe oferecido tanta cerimônia. Pensou em algum comentário inocente que pudesse preencher o recinto:

— Então, vocês são pai e filha?

Cláudio apenas assentiu com a cabeça.

— Vocês parecem mais irmãos.

Ambos sorriram discretamente. Cláudio disse:

— Nós malhamos todo dia.

Lúcio deu uma curta gargalhada diante da mentira óbvia. O fato de esconderem algo que Cláudio não queria lhe explicar no momento, não passou desapercebido, e ele se calou. O anfitrião ergueu-se e foi até uma das paredes da sala, onde várias garrafas de vinho estavam à mostra.

Pegando duas. Ofereceu:

— Terrazas de los Andes ou Terrunyo?

— Eu nunca fui um amante de vinhos.

Cláudio acenou como se tivesse compreendido algo e disse:

— Terrazas de los Andes.

E serviu uma taça a Lúcio. Este, sentindo que o suspense já tinha passado do ponto da elegância, perguntou:

— Então, senhor Machado, a que devo a honra de sua hospitalidade?

Cláudio apenas ficou observando sua taça por um tempo, antes de responder calmamente:

— Antes de qualquer coisa, senhor Costa, é preciso que saiba que seu filho foi raptado por uma organização secreta de paranormais chamada "Fundação Cosmos". Ele passou os últimos nove anos treinando para ser um deles, sem ao menos saber que tinha um pai vivo.

Lúcio levantou uma sobrancelha.

— Eu já tinha imaginado algo nesta linha, para ser sincero.

Cláudio acenou com a cabeça.

— Você deve ter várias perguntas. Responderei todas. Mas antes, acho que é mais proveitoso começar, como todas as coisas, pelo começo.

Foi a vez de Lúcio acenar com a cabeça. Cláudio pegou a deixa e começou, tomando seu tempo entre cada frase para degustar um pouco do vinho.

— Essa história começa mais de 50 anos atrás. Poucos anos depois do fim da Segunda Guerra Mundial, no início da Guerra Fria.

— Naquela época, os Estados Unidos e a União Soviética competiam em quase tudo pela supremacia, a espionagem internacional fomentada pelo período foi tida como o retrato de uma Era. O que o senhor provavelmente não sabe é que nesta época, a União Soviética começou um estudo intensivo sobre as propriedades paranormais latentes no ser humano e seus caminhos de desenvolvimento. Estudos que foram, até em alguns casos, abertos e divulgados ao público mais tarde.

Lúcio não esboçou nenhuma reação, mas Cláudio explicou:

— Eu estou falando sobre leitura mental, a chamada "telepatia"; visão à distância, a chamada "clarividência"; mover objetos com a mente, "telecinese"; e várias outras capacidades que hoje são tidas, quando muito, como possibilidades remotas. E, naquela época, como fantasias completas.

— Bem, mas o fato é que o governo soviético realmente realizou uma série de experimentos neste sentido, muitos dos quais tornaram-se famosos, e o governo americano não poderia, por assim dizer, "ficar para trás". Eles também fizeram os seus experimentos, mas, ao contrário da União Soviética, resolveram mantê-los todos em segredo. A princípio, simplesmente porque se viesse à tona que o governo estava gastando verba pública com este tipo de coisa, a administração presidencial sofreria uma sensível queda de popularidade. Mas logo, o motivo do segredo tornou-se simplesmente sua manutenção.

— Ora, os Estados Unidos, envolvidos em um projeto que poderia ser facilmente considerado um vexame, resolveram conduzir estas experiências em solo estrangeiro. Em países onde eles tivessem condição de agir impunemente pelo preço certo, e especialmente onde a população fosse, digamos... Dispensável.

Lúcio levantou uma sobrancelha e disse:

— Imagino que esses estudos tenham dado certo.

— Ah, muito pelo contrário, senhor Costa. Eles deram muito errado. Dez anos depois, com milhares de dólares gastos em verba, e nenhum resultado prático, eles resolveram desativar o projeto e chamar os militares envolvidos de volta.

— E esse foi o final do chamado "Projeto Eagle-3". Hoje, só o que sobrou dele são algumas pastas mofando no pentágono.

Cláudio passou uma cuba de vidro com castanhas para Lúcio, que pegou algumas.

— Acontece que o projeto, na verdade, tinha obtido algum resultado. Tímido, mas decididamente positivo. Dois dos supostos médiuns treinados, desenvolveram a inegável capacidade de prever o futuro e ver à distância. Precognição e Clarividência. Naquela época, estas habilidades eram muito mais subjetivas e incontroláveis do que hoje, mas os resultados eram bastante claros. Foi então que os dirigentes da operação, e estamos falando de três generais americanos, resolveram falsificar os relatórios, e ocultar o progresso do governo. Meses após a desativação do projeto, eles resolveram se aposentar, e vieram para cá. Entraram em contato com os antigos médiuns e formaram, então, um pequeno fundo de investimentos encabeçado por um testa-de-ferro deles, alguém sem a menor ligação com suas atividades até então.

— Era o começo de uma empresa chamada Griffith-Woodworth Investimentos, que se tornou em pouco tempo, uma das operadoras de ações mais bem sucedidas da história da economia global.

— Eu posso imaginar – disse Lúcio –, afinal com um grupo de videntes ajudando nos investimentos...

Cláudio sorriu e acenou com a cabeça.

— Mas por que os generais quiseram romper o contato com o governo americano? Por que eles não entregaram o resultado das pesquisas conforme o planejado?

— Ora, pelo poder, é claro. Lá estavam eles, generais, pessoas normalmente poderosas, sentados no que era um dos maiores avanços da humanidade. Por que eles iriam simplesmente entregar isso de bandeja ao governo quando podiam facilmente tomar as rédeas da organização e continuar, eles mesmos, as pesquisas? Foi assim que nasceu a Fundação Cosmos. A fundação que treina os paranormais financiados pela Griffith-Woodworth Investimentos.

— Porque "Cosmos"?

Cláudio assumiu um tom nostálgico quando disse:

— Ah, foi idéia do Ivan. Ivan Griffith, um dos fundadores. Sugeriu chamar cada paranormal treinado pela fundação pelo nome de um corpo celeste. Ele ainda está vivo, sabe, o Ivan. Chama-se "Rasalas". É o principal responsável pela forma como eles operam hoje.

— Como vocês medem as capacidades paranormais? – perguntou Lúcio.

— Existem várias categorias – Cláudio explicou didaticamente. — Ao longo do seu tempo de existência, a Cosmos aprendeu a agrupar certas habilidades em efeitos similares, e descobriu que algumas propriedades ao serem desenvolvidas, automaticamente estimulam outras. Por exemplo, a visão à distância, visão do passado, visão do futuro e ouvir coisas à distância, são capacidades semelhantes desenvolvidas em conjunto. Ao treinar uma, você treina todas. Elas são chamadas de Psico-Gnose: a aquisição genérica de conhecimentos através meios puramente mentais.

— A capacidade de saber o que outras pessoas estão pensando e sentindo, influenciar suas decisões, memórias, e, como você bem sabe, até controlar suas ações físicas, são habilidades de influir de forma direta na mente de outra pessoa à distância e é chamada Telepatia.

Cláudio continuou sua explicação.

— A capacidade de aquecer objetos, resfriá-los, movê-los sem tocá-los, e alterar sua forma e, às vezes, sua constituição, é chamada de Psico-Cinese: movimento com a mente. Também chamada de Telecinese. Existe também a capacidade de, com a própria mente, influenciar os processos metabólicos do corpo e ampliá-los ou reduzi-los de formas extraordinárias, chamada de Psico-Metabolismo. Um psicometabólico, por exemplo, pode por alguns instantes correr tão rápido quanto um carro, saltar alturas imensas, erguer pesos incríveis, anular a própria dor, reduzir os batimentos cardíacos, e até mesmo a emissão de certas enzimas no próprio corpo.

Lúcio disse, lembrando-se desconfortavelmente do seu encontro com Lesath:

— Eu sei muito bem do que você está falando...

— Então, estas são as quatro principais habilidades paranormais que a Cosmos sabe desenvolver. Existem outras, muito mais raras, que só começamos a descobrir nos nossos alunos mais jovens. Mas todos eles, em um grau ou outro, tem algumas destas habilidades. Estas faculdades – continuou – são classificadas em graus de acordo com uma tabela chamada "tabela Psi", re-estruturada pela última vez três anos atrás. Ela indica níveis que vão de um a oito para cada uma destas habilidades. Até hoje, o mais longe onde alguém já foi em uma habilidade é sete. Mas existe um pessoal na Cosmos que está querendo rever a gradação da tabela. Seu filho, por exemplo, é um Kappa-Sete. Isto quer dizer que ele é um telecinético de sétimo grau. A cada uma das principais habilidades, corresponde uma letra grega. Os psicognósticos e os videntes, são os "Gama". Os Telepatas são os "Pi". Os psico-metabólicos são os "Omega". E os psico-cinéticos são os "Kappa". Seu filho, para ser mais exato, é um Kappa-sete, Gamma-três e Pi-um.

— Então Alan não só é um... Telecinético, certo? Mas também um vidente e um telepático?

— Um telepata, sim.

— E você? Tem alguma classificação?

— Sim – confirmou Cláudio quase sorrindo –, eu sou um Omega-quatro e Gamma-um. Isabela, minha filha, é Omega-três, Gamma-dois e Pi-três.

— Bem – prosseguiu –, estas são as origens da Cosmos. Mas isso na verdade não explica como a Fundação opera hoje em dia. Para isso, eu preciso ir um pouco mais adiante na história da própria fundação.

— A história da Cosmos é marcada por três grandes descobertas. Estas descobertas causaram, cada uma, um aumento significativo na qualidade dos paranormais treinados e dividiram os alunos da Cosmos em três categorias, por assim dizer, que nós chamamos "As Três Gerações".

— A primeira descoberta, mais ou menos cinco anos depois da fundação em si, foi uma série de exercícios de visualização e respiração que, se repetidos exaustivamente, podem levar uma pessoa ao desenvolvimento das tais capacidades paranormais. Inicialmente eram sete exercícios, mas hoje já são dez. — Os alunos de "Primeira Geração", por assim dizer, eram pessoas comuns, empregados da fundação que começaram a praticar estes exercícios e viram suas vidas profundamente alteradas pelos resultados. Eu mesmo sou um aluno de Primeira Geração.

Cláudio pausou por um instante. Parecia estar se recordando de algo muito distante e prazeroso, e logo depois, de algo bem triste. Sua voz confirmava este sentimento:

— A segunda descoberta, e foi aí, eu acho, que a Cosmos começou a se perder, foi a de que se uma pessoa realizar estes exercícios desde cedo, na mais tenra infância, o seu desenvolvimento vai ser sempre maior e mais acentuado que o de uma pessoa que os realize depois de atingir a maturidade. Especialmente se os exercícios forem mantidos regularmente ao longo da adolescência. Foi então que começaram as atividades criminais da Cosmos. Nesta época, eu me afastei da fundação, embora sempre mantenha contato com os agentes. Esperei até hoje por uma oportunidade boa o bastante para mudar isso.

Cláudio prosseguiu.

— No início da Segunda Geração, a Cosmos adotou uma série de crianças para programas de "reintegração social". Naquela época, os sistemas de adoção eram bem menos criteriosos do que hoje, e a Cosmos conseguiu realizar o treinamento dos primeiros alunos de Segunda Geração sem problemas. Porém, ao transcorrer o tempo, algo ficou bem claro para os dirigentes da Cosmos; algumas crianças tinham resultados muito, mas muito melhores do que outras. E em todos os casos, essas crianças eram os filhos dos alunos de Primeira Geração. Ou seja: filhos de pais que treinaram paranormalidade nasciam com uma predisposição maior para o desenvolvimento destas capacidades.

O anfitrião deu um suspiro e a sua voz se tornou bem baixa.

— Foi então que um dos diretores da Cosmos, hoje já falecido, teve a idéia que mudou para sempre a face da organização. Eles desenvolveram um complicado mecanismo de testes através dos quais eles pudessem medir o potencial latente de uma pessoa. Usando de suborno, influência, e principalmente indução telepática, incorporaram estes testes em locais bastante discretos e difundidos na sociedade. Eu estou falando de testes psicotécnicos, vocacionais e de aptidão para uma ou outra atividade. Até no vestibular, em alguns anos, eles incorporaram questões que tinham o único objetivo de medir o potencial paranormal latente em uma pessoa.

Lúcio, incrédulo, disse:

— Como é? Você está me dizendo que a maioria dos testes que fazemos, por exemplo, o teste psicométrico de habilitação no trânsito, são manipulados e monitorados para medir o potencial paranormal da população?

— É exatamente o que eu estou dizendo.

— Isso é absurdo! A quantidade de pessoas que teriam de ser envolvidas para fazer isso acontecer é imensa!

— Nem tanto, Lúcio. Nós só precisamos ter acesso aos resultados dos testes. Eu imaginei que você teria dificuldades em acreditar nisso. A maioria das pessoas tem, é um dos motivos pelos quais dá tão certo. Ninguém acha possível e a descrença é uma das armas mais poderosas a favor da invisibilidade.

Cláudio ergueu-se, foi até uma mesa negra de madeira, mexeu em alguns papéis, e tirou uma pasta gorda do meio. Entregou-a para Lúcio.

E, tal qual ele havia dito, dentro da pasta estavam dezenas de folhas com nomes, e os resultados de um teste ao lado.

— Estes são os resultados de um teste vocacional gratuito ministrado no nosso estado ao longo do ano passado. Você está olhando para parte dos resultados, é claro. A pasta inteira é bastante pesada...

Lúcio tomou seu tempo. Evidentemente isso poderia ser falsificado, e, em si não era evidência de nada, mas ele resolveu ver até onde isso chegava.

— Está bem – disse, colocando a pasta de lado –, supondo que eu acredite, isso não faz o menor sentido! Estes testes revelam o potencial de pessoas bem crescidas, não de crianças.

— Sim, mas não são as pessoas em si que interessam à Cosmos, são os seus filhos.

Lúcio ergueu ambas as sobrancelhas, mal contendo sua incredulidade.

— Como é? Então tem um bando de gente desta fundação que fica varrendo estes resultados em busca de "candidatos" cujos filhos serão raptados?

— Na verdade, hoje em dia isso é feito por um programa de computador.

— Um programa?

— Sim.

— E imagino que eu tenha passado por estes testes e este programa teve a brilhante idéia de me categorizar como um paranormal latente.

— Sim, Lúcio. Você e sua esposa, Laura. Na verdade, devo dizer que seus resultados não foram apenas bons, mas excepcionais. Vocês foram apontados como dois dos paranormais latentes mais poderosos já encontrados.

Lúcio estava boquiaberto.

— E por coincidência e conveniência nós estávamos casados?

— Veja, se vocês não estivessem casados, o programa não os teria indicado como alvos em potencial – Lúcio se ajeitou na cadeira, levemente incomodado com o termo –, foi porque vocês estavam casados que foram escolhidos. Não houve coincidência nenhuma. E depois, você ficaria surpreso ao saber das nossas estatísticas de quantas pessoas com capacidades paranormais latentes acabam se casando. Parece que, inconscientemente, essas pessoas buscam no parceiro as mesmas capacidades que possuem.

— Cláudio – Lúcio começou lentamente –, eu nunca fiz nada, nem de perto e nem de longe, parecido com o que meu filho faz. Eu não vejo o futuro, não leio mentes e nem movo objetos sem tocá-los!

— Ah, não? – disse Cláudio, que já esperava por esse argumento. — Como você classifica então, sua carreira meteórica na polícia? Por que você acha que ganhou quatro vezes consecutivas o prêmio de investigador do ano? Ou porque seus palpites sempre eram os melhores quanto ao momento certo de fazer uma batida? Ou como você explica sua incrível "sorte"? Você foi baleado não menos que cinco vezes, e em todos os casos, recuperou-se sem nenhuma sequela. Vários colegas seus morreram por bem menos.

Depois de um longo tempo olhando para Cláudio, Lúcio sentou-se novamente no sofá.

— Seus palpites, Lúcio, seu faro para a investigação, seu "tino" para o momento certo de fazer as coisas, tudo isso são mostras claras de sua capacidade latente.

— E você está me dizendo que se eu treinasse isso poderia ser como meu filho?

— Bem... Não exatamente como seu filho... Rigel é...

— Alan, o nome dele é Alan – interrompeu Lúcio.

Cláudio concordou sem o menor abalo.

— Alan é, de longe, um dos paranormais mais talentosos da Cosmos. É o nosso telecinético mais poderoso, e, muito possivelmente, o mais poderoso do mundo todo. Mas você poderia ser muito bom se quisesse.

Silêncio. Isabela levantou-se a certa altura e foi pegar algo para comer na cozinha. Finalmente Lúcio perguntou:

— Mas, por que fazer isso tudo? Por que se dar ao trabalho? O que eles querem? Qual o objetivo?

Depois de uma pausa curta, Cláudio fez que concordou com alguma coisa não dita, e respondeu:

— Para saber isso, Lúcio, você tem que entender como pensam as pessoas da Cosmos.

— E como pensam as pessoas da Cosmos?

— Bem, eles se consideram melhores. Superiores a todas as pessoas. Eles classificam a si mesmos como "paranormais", e consideram os "normais" e "mundanos" como seres menores. Eles acreditam que suas capacidades lhes colocam em um estágio além do comum, e querem, efetivamente, ter o mínimo de contato possível com a sociedade "normal".

— Isso porque eles podem ver o futuro e fazer objetos saírem voando?

— Exatamente.

— Isso não é um pouco prepotente demais?

— Veja bem, Lúcio. Os paranormais da Cosmos são, na prática, inatingíveis pela sociedade humana. Por exemplo, me diga que juiz no mundo vai condenar um telepata à prisão? Basta que o paranormal se concentre e todos vão concordar com qualquer argumento seu. Isso, é claro, considerando que ele vai chegar a ser preso e não vai evitar sua captura através de uma intuição premonitiva. Quando você tem capacidades que lhe colocam acima das leis e regras da sociedade normal, quando você tem um alcance mental que engloba, muitas vezes, o das outras pessoas, quando por exemplo, você pode saber o que uma pessoa vai fazer antes mesmo dela ter a idéia de fazê-lo, ora, Lúcio, quando você pode fazer tudo isso, não é normal sentir-se melhor e maior que os outros?

Cláudio continuou:

— Os paranormais da Cosmos são pessoas que veem em um mundo de cegos, Lúcio. E você conhece o ditado...

— Mesmo assim, há de convir comigo que a sociedade "normal" – e Lúcio gesticulou as aspas do "normal" com as duas mãos – pode ser bastante incômoda.

— Sim, mas para os alunos da Cosmos, ela é só isso: incômoda. É algo com que eles têm que conviver. Um mal necessário. E não só eles se acham superiores, Lúcio, como também acreditam, que é um dever da fundação retirar um paranormal em potencial do convívio com os "normais". Quando fazem isso, creem que estão salvando sua vida e não a sacrificando. E é apenas nisso que eu discordo deles.

— Isso é muito parecido com as várias justificativas fanáticas de genocídio, cometidas em nome de uma supremacia racial.

— Exatamente. Eu disse que não concordo com eles, mas entenda, Lúcio. Tente imaginar como você se sentiria se pudesse saber o que todos à sua volta estão pensando, influenciar as memórias das pessoas e até ver o futuro, tudo isso no momento que quisesse. Diga-me, sinceramente, que você não se sentiria superior às outras pessoas.

Depois de um tempo, Lúcio disse:

— Você se sente superior a mim, Cláudio?

— Sim, Lúcio.

— E se eu pegasse minha arma e lhe desse um tiro agora. Onde estaria sua superioridade?

Isabela, que estava voltada para a pia lavando verduras, parou discretamente o que estava fazendo. Sem mover mais nem um músculo, dirigiu os olhos a seu pai e esperou a resposta em silêncio.

— Ela ainda existiria, Lúcio. A violência não prova nada. Eu sou melhor do que você pelo que sou, não pelo que faço. Mas não vamos falar sobre o que nos divide. Se você quiser, considere-me um velho senil. Um megalomaníaco incurável. Mas incidentalmente, um homem que tem recursos e capacidade, além do desejo, de lhe ajudar a ter uma vida saudável com seu filho.

— E qual a sua parte nisso tudo Cláudio?

— Eu já chego nisso. Antes, é preciso que eu continue, até mesmo para você entender melhor contra o que nós estamos lutando.

Lúcio concordou.

— Eu falei, então, sobre a descoberta da Segunda Geração, e como ela mudou a face da Cosmos. Isso foi a 40 anos atrás. Minha filha foi um dos primeiros alunos de Segunda Geração – apontou para Isabela que continuou a preparar uma salada com a maior naturalidade possível –, mas no caso dela, não houve rapto. Ela se tornou uma aluna simplesmente porque era minha filha. Quinze anos atrás, porém, houve uma outra descoberta. Uma que, apesar de não parecer, foi tão importante quanto as outras, e marcou o início da Terceira Geração, chamada "geração dos prodígios".

Lúcio não esboçou comentário. Cláudio continuou.

— A terceira descoberta foi a memória. Os alunos e estudiosos da Cosmos descobriram que o aperfeiçoamento da memória acelera muito o desenvolvimento de propriedades paranormais.

— Por quê? – indagou Lúcio.

— Sinceramente não descobrimos. Nós sabemos que o setor do cérebro que cuida da memória é o mesmo, ou está intimamente ligado, ao setor que cuida de diversas propriedades paranormais. Isso é um conhecimento empírico e verificado por uma série de exames. Aliás, quase tudo do que aprendemos sobre a paranormalidade é empírico e veio às custas de muitas tentativas e erros de vários alunos. Hoje, na Cosmos, todos treinam a memória. Mas as crianças da Terceira Geração, que a treinaram desde cedo, são indiscutivelmente os mais talentosos paranormais que conhecemos. É o caso de seu filho. Alan tem a memória quase perfeita.

— Como assim?

— Ele pode, se quiser, recordar-se de tudo o que aconteceu com ele com detalhes assustadores.

Lúcio ponderou esta qualidade.

— Eu posso ver como isso seria útil na vida, mas também, pode ser um grande peso.

— De fato. Os benefícios são enormes, assim como as consequências. Na verdade, existe uma grande discussão entre os dirigentes da Cosmos sobre os efeitos psicológicos do treino excessivo da memória e algumas pessoas estão sugerindo que ele pode ser muito prejudicial às crianças.

— Como assim?

— Bem... Basta ver seu filho para saber. Você teve um contato bem próximo dele neste último dia, e acho que ficou bem claro que ele é... Digamos... Diferente das outras crianças. Ele é quieto, quase mudo. Muito atento às coisas. Sorri pouco. Parece que não se diverte com as coisas simples, como a maioria das crianças da idade dele. Você notou isso?

— Veja, Cláudio, eu não vi meu filho por oito anos. Eu não sei o que fizeram com ele ou pelo que ele passou, e muito menos o que ele estava sentindo neste último dia. A essas alturas, eu ainda não tenho a menor condição de supor nada sobre ele... Mas sim, eu notei um comportamento parecido com esse.

— Creia-me, o comportamento do seu filho não é único. Quase todas as crianças da Terceira Geração são assim. Eles demonstram menos emoção que as outras da sua idade. Brincam menos e divertem-se menos. São muito mais quietos e atentos. E todas são extremamente inteligentes. Seriam considerados superdotados por qualquer teste de inteligência. Desde que esse comportamento começou a ficar evidente, muitas pessoas na Cosmos começaram a se questionar quanto à validade deste treinamento. A impressão visível é que estas crianças não estão tendo infância.

— Então por que o treinamento continua?

— Porque existe uma corrente de pensamento, na qual Rasalas se inclui, que é mais forte e acha que essas transformações são para melhor. Eles acreditam que as mudanças de comportamento são indicações que estas crianças são... como direi... Diferentes... Superiores até mesmo aos alunos das primeiras gerações. Crêem que as diferenças exibidas são sinal evidente de que essas crianças utilizam melhor seu cérebro. Usam como argumento a capacidade intelectual delas, que é assombrosa. Eu lhe falei das quatro principais capacidades paranormais da Cosmos, não? Pois bem, existem três outras capacidades que surgiram nos últimos anos, todas nas crianças de Terceira Geração.

— E quais são?

— A capacidade da Cura Psíquica, codificada com a letra "Beta". Esta é a habilidade de reverter doenças e, muitas vezes, até mesmo acelerar o processo de regeneração de ferimentos. Duas crianças sabem fazer isso. Há também a capacidade da Projeção Astral, codificada com a letra "Theta". Esta é uma aptidão que a pessoa tem de sair do próprio corpo e flutuar, desimpedido, pelo ar. Também há duas crianças capazes de fazer isso. E por fim, a habilidade da eletrocinese, codificada com a letra "Epsilon". Uma perícia capaz de influenciar equipamentos eletrônicos com a mente. Ninguém sabe fazer isso com certeza, mas havia fortes indícios que Alan seria o primeiro eletrocinético da Cosmos. Ele consegue, por exemplo, ligar e desligar aparelhos eletrônicos à distância, sem tocá-los.

— Você vê, Lúcio? Todas estas capacidades novas atreladas a inteligência aguçada, tudo isso contribui para que o treinamento da memória seja visto como uma espécie de acelerador muito forte dos poderes das crianças.

— E o que você acha, Cláudio?

— Eu não sei, Lúcio. Eu não sei mesmo. Minha opinião é dividida neste assunto, mas se eu tivesse que tomar uma decisão sobre isso hoje, acharia melhor reduzir a intensidade dos treinamentos de memória. Os benefícios paranormais que eles trazem são inegáveis, mas eu não tenho certeza que o preço valha a pena ser pago... Pelo menos, não pelas crianças. Se um aluno graduado, e estou falando de alunos com mais de dezenove anos, se eles quiserem treinar sua memória à perfeição, não tem problema. Afinal, eles podem fazê-lo com total consciência. Mas impor isso a uma criança quando ela não tem a menor idéia do que vai perder... Realmente não sei se é o melhor...

Após um momento, Cláudio continuou:

— Mas eu lhe disse sobre a memória e esses poderes novos, porque esse assunto tem influência brutal na situação do seu filho e na nossa.

Lúcio interessou-se e esperou.

— Lúcio... É preciso que você saiba tudo o que aconteceu com seu filho nos últimos dois anos. A idéia de sua fuga, o método que ele usou, como ele chegou a desconfiar da Cosmos, como ele descobriu que você estava vivo, como ele conseguiu lhe encontrar... Tudo até o momento em que ele entrou em contato com você... Tudo isso, foi obra minha. E por isso mesmo, tudo o que aconteceu depois, inclusive a morte de Lesath e Astérope, em grande parte é responsabilidade minha.

Capítulo XIV

O computador de Rigel

Astérope não era, nem de longe, tão popular quando Lesath. Ainda assim, tinha seu grupo de amigos, e entre os professores da Cosmos, era uma espécie de ícone.

Sua morte, especialmente pela violência com que ocorreu, foi sentida por alguns alunos mais velhos e um ou outro dos mais jovens.

Todos os professores estavam agora conversando com Rasalas a portas fechadas e as crianças estavam sob a supervisão abalada de apenas dois professores. Com todo o movimento e preocupação palpáveis no ar, ninguém sentiu falta de Alphard, Procyon e Deneb, que não tinham aparecido para o lanche da tarde.

Reunidos no quarto de Deneb, Alphard havia não apenas sentido o momento da morte de Astérope, mas, segurando uma foto que ela mesma havia dado de presente a Lesath, viu em detalhes o evento. Sentiu sua dor quando a costela foi quebrada. Teve de ser imobilizada e silenciada por Procyon e Deneb quando começou a gritar desesperadamente.

Por um longo tempo a menina só conseguia dizer:

— Ela está queimando...

Procyon e Deneb nunca haviam presenciado aquilo. Sempre, até aquele momento, um vidente tinha total controle sobre a sua visão e podia cancelá-la quando quisesses. Mas Alphard, ao contrário, parecia presa a Astérope. Quanto mais a agente sofria e se debatia ante o ataque pirocinético de Rigel, mais Alphard parecia incapaz de quebrar o contato.

Horas depois, quando Deneb trouxe lanche para os três, e ele e Procyon haviam terminado cada um o seu, Alphard acordou lentamente. Os dois meninos esperaram meio segundo antes de sentarem ao seu lado e começarem uma enxurrada de perguntas.

— Al, você está bem? – perguntou Deneb. Alphard apenas assentiu, visivelmente cansada.

— Al! O que aconteceu? A gente tentou chamá-la de volta... Mas você não voltava! Você ficou presa na Astérope!

Alphard deu uma leve estremecida ao relembrar a dor e raiva que experimentou ao compartilhar a morte de Astérope. Porém, controlada, respondeu lentamente:

— Eu não fiquei presa, Procyon. Eu fiquei com ela porque quis... Ela estava sofrendo tanto... E estava morrendo com raiva... Eu quis ficar com ela até o fim.

Procyon e Deneb se olharam. Deneb transmitiu-lhe uma onda de conforto emocional que a invadiu com mais força do que qualquer carinho físico:

— Você nos deu um susto, menina! A gente pensou que você ia junto com ela.

Mas sua voz pareceu nervosa demais até mesmo para ele. Alphard olhou-o imediatamente, fixando em Deneb uma expressão neutra e tranqüila, estranhamente misturada com um resquício de tristeza e desespero.

— Eu estou bem, Deneb. Astérope está bem agora. Lesath estava esperando por ela.

Procyon ficou visivelmente aliviado com a notícia. Deneb, para quem as viagens astrais sempre foram um mistério, sentiu-se subitamente excluído de um clube muito fechado, cuja porta, jamais se abriria para ele.

Procyon ofereceu a Alphard um lanche e ela comeu silenciosamente. Ao terminar, a garota comentou:

— Eu vi Rigel.

E ambos, Procyon e Deneb, voltaram sua atenção à amiga.

— Quando eu estava queimando junto com Astérope, vi Rigel. Procyon... Ele está completamente diferente. É outra pessoa. Eu não sei o que ele fez... Mas está mudado. Astérope o viu também, e quando tentou entrar na mente de Rigel, não conseguiu... Era como se ele fosse outra pessoa...

Procyon e Deneb ficaram pasmos. Alphard continuou:

— É por isso que a gente não conseguiu encontrá-lo. Ele fez alguma coisa que o mudou tanto, que a gente estava procurando por uma pessoa que não existe mais!

Procyon estava sem palavras, mal conseguindo entender o que Alphard dizia. Deneb falou:

— Mas você o viu, não? Você não pode tentar encontrar Rigel agora?

— Não posso, Deneb. Eu só o vi pela mente de Astérope. Isso é muito pouco... Mas havia mais gente com ele. Ele não estava sozinho. Se descobrirmos para onde ele foi, acho que podemos encontrá-lo.

— Mas a gente não tem como saber isso... Tem? – perguntou Procyon.

— Astérope e Lesath descobriram – disse Deneb. — E se eles descobriram, é porque o resto dos professores deve ter como.

Os três se olharam. Cada um pensando em como conseguir obter esta informação. Não demorou muito, porém, para que Procyon dissesse:

— O computador do Rigel. Aquele que Vega pegou!

E Alphard emendou:

— É mesmo. Deve ter alguma coisa nele.

— Procyon, você acha mesmo que o Rigel deixaria uma pista dessas no seu computador? E se deixou, a essas alturas o Vega já deve ter destruído.

— Ele não teve tanto tempo assim, Deneb. E você tem idéia melhor? – desafiou Alphard.

Deneb deu de ombros, resignado.

— Isso vai ser mais difícil do que entrar no servidor – observou o garoto.

Quando Deneb bateu na porta do quarto de Vega, Alphard e ele já tinham feito previamente, uma clarividência e descoberto que não apenas o computador de Rigel estava naquele quarto, mas que o próprio Vega também estava. Para qualquer tentativa de recuperar o micro de Rigel, antes eles teriam que retirar o professor de lá.

A escolha obvia era que Procyon e Alphard deveriam distrair a atenção de Vega enquanto Deneb, que sabia bem mais sobre computadores, pegasse a informação. Porém, se eles fizessem isso, haveria uma grande chance de que Vega descobrisse seu plano antes mesmo de Deneb entrar em seu quarto. Vega era, afinal, o professor de Telepatia da Cosmos.

Então, coube a Deneb, e sua mente inviolável, a tarefa de distrair Vega enquanto Procyon tentaria recuperar as informações. Deneb passou o máximo de informações que conseguiu para Procyon no pouco tempo que possuiam, mas tinha sérias dúvidas da capacidade do garoto de ter a menor idéia do que ele estaria fazendo.

Ainda assim, era melhor um plano ruim do que plano nenhum. Deneb estava, assim como Procyon e Alphard, morto de curiosidade para saber o que havia no computador de Rigel.

Então foi ele quem bateu à porta de Vega, e disse com a melhor cara de preocupado que tinha:

— Professor... Você tem que vir rápido... É Alphard... Alguma coisa aconteceu com ela!

Vega imediatamente saiu do seu quarto e dirigiu-se com Deneb, ao quarto de Alphard, que ficava em outro prédio da fundação, passando o jardim central e o prédio-escola.

Quando Deneb virou o primeiro corredor com Vega, pôde ver Procyon, ao longe, aproximar-se sorrateiramente do quarto. "Agora não há mais volta", pensou, e entregou-se à sorte.

— Conte-me o que aconteceu, Deneb – Vega ordenou.

— Eu... Eu não sei, professor. Ela estava muito preocupada com a fuga de Rigel. Sabe... Ficou o dia inteiro pensando nele, e disse que ia sair para encontrá-lo... Sair do corpo... Mas até agora ela não voltou. E ela está ficando fria...

E Deneb ouviu nitidamente a voz de Procyon:

"Deneb... eu não consigo ligar o micro do Rigel."

Deneb soltou um palavrão de impaciência para si mesmo. Começou a se concentrar em Procyon, mas no momento que o fez, percebeu os olhos aguçados de Vega e viu que ele havia feito uma pergunta.

"O que foi mesmo que ele me perguntou?" Sua atenção estava em outra coisa na hora. Vasculhou sua memória e encontrou lá os restos disformes de uma frase quase inteligível, mas clara o bastante para uma resposta vaga:

— Eu... Não sei professor – sentia a ansiedade de Procyon lhe atingir como uma avalanche. O garoto estava precisando de uma resposta, contudo Deneb tinha que responder primeiro ao professor. — Mas eu acho que sim.

Vega imediatamente voltou a caminhar, e Deneb suspirou aliviado. "Ela está respirando?", esta tinha sido a pergunta. Quando começou novamente a se concentrar em Procyon, Vega indagou:

— Quando foi isso?

— Há umas duas horas, professor.

E sentiu-se esmagado entre a crescente tensão de Procyon e a percepção aguda de Vega. Ajeitou a camiseta na calça, nervoso. Ele sabia que se qualquer outra pessoa estivesse em seu lugar, Vega já teria descoberto tudo.

Mas, como sempre, a investigação telepática de Vega entrou e saiu de sua mente sem o menor sinal de reconhecimento. Deneb concentrou-se o mais rápido que pôde em Procyon e transmitiu-lhe:

"Pegue o disco rígido da máquina!"

Mas Vega já estava lhe fazendo outra pergunta, e Deneb teve de abandonar Procyon à sua própria competência.

Quando o professor entrou no quarto de Alphard, e viu-a deitada na cama cadavericamente imóvel, percebeu na hora que ela estava fora do corpo. Profissionalmente, mediu sua pulsação e verificou suas respirações. Sentiu a sua nuca, ombros e examinou seus olhos. Não se demorou mais de trinta segundos nela. Subitamente ergueu-se, e saiu. Deneb, estranhando, foi logo atrás.

— Professor, onde o senhor está indo?

— Pegar uns instrumentos em meu quarto, Deneb. Tenho algo que eu acho que pode trazê-la de volta.

Deneb, agora completamente apavorado, concentrou-se intensamente em Procyon.

"Procyon, Vega está voltando."

A resposta foi quase imediata:

"O quê? Agora?"

"É, agora!"

Procyon não respondeu, mas Deneb sentiu sua apreensão o tempo todo em que caminhou, rapidamente, com Vega em direção ao seu quarto. Quando estavam passando pelo jardim, tentou com sua capacidade telecinética, mover uma pedra no meio do caminho de Vega para que ele tropeçasse, mas sua capacidade era muito baixa. A pedra nem havia se mexido quando Vega passou ao seu lado.

"Procyon, saía do quarto, Vega está quase chegando", Deneb lhe enviou a certo instante.

"Não posso. O micro do Rigel está todo aberto!"

"Procyon, ele está entrando no prédio!"

Quando Vega e Deneb terminaram de subir as escadas que davam para o terceiro andar, Deneb, sentindo a apreensão de Procyon palpável, arriscou outra mensagem telepática:

"Procyon! Você ainda está no quarto? Vega está no terceiro andar!"

"Eu não posso sair, Deneb!"

Vega andava pelos corredores e Deneb sentia graus de nervosismo curiosamente novos. Mal se contendo, concentrou-se em Procyon mais uma vez. A dificuldade que teve em alcançar o estado de abstração necessário para o envio de uma mensagem, lhe mostrou o quão perigosamente abalado estava.

"Procyon! Vega está no corredor do quarto!"

A resposta de Procyon foi quase um grito em sua mente:

"Deneb! Eu não posso sair agora!"

Vega abriu a porta. Naquele instante, Deneb teve em sua mente uma imagem clara do terror: Vega encontrando Procyon em seu quarto; os professores apagando sua mente; um crime contra sua vida cometido com impunidade.

Mas o quarto de Vega estava exatamente no mesmo estado em que ele o deixou.

Deneb sentia a ansiedade de Procyon como se ele estivesse ali, na sua frente. E por instantes ficou extremamente confuso, parado na porta do quarto de Vega, tentando entender a situação enquanto o professor dirigia-se ao banheiro.

Deneb entrou lentamente. Viu ao lado da janela, o micro de Rigel intacto. Vega saiu do banheiro, trazendo uma maleta médica, e disse:

— Vamos.

Deneb achou melhor não ficar questionando um milagre destes.

Na porta de saída, porém, Vega parou, como se tivesse pressentido que algo muito errado estava acontecendo. Virou para Deneb, com a expressão de quem sabia que o garoto havia feito alguma malcriação. Deneb sentiu-se gelar.

Mas o professor passou direto por ele e foi até seu armário.

A porta estava entreaberta.

A presença de Procyon nervoso era clara. Deneb inspirou e preparou-se para o pior.

Vega abriu subitamente o armário.

Não havia ninguém ali.

Deneb, mal se contendo, disse:

— Professor, o que houve?

Soube que havia soado muito mais ansioso e cauteloso do que a discrição recomendava. Vega lançou-lhe um olhar investigador. Deneb se pegou ajustando nervosamente sua camiseta na calça. Por fim, depois de instantes de mais uma inútil leitura mental em Deneb, Vega disse:

— Eu achei que... Nada, deixa para lá. Não precisa se preocupar, Deneb. Vamos voltar para Alphard agora mesmo.

E, sem maiores explicações, saiu do quarto.

Deneb ainda deu uma olhada de relance para dentro do quarto, mas não viu nada e nem ninguém. Enquanto acompanhava Vega novamente até o quarto de Alphard, transmitiu telepaticamente para o companheiro:

"Procyon, onde você estava?"

Procyon, agora mais aliviado, respondeu-lhe com uma sensação de triunfo quase indecente:

"Debaixo da cama"

"Seu louco!"

E não trocaram mais mensagens.

Quando Vega entrou novamente no quarto de Alphard, levou cerca de uns dez minutos examinando a garota antes de pegar um copo d'água, colocar um comprimido dentro e forçá-la a engolir. Logo depois, massageou suavemente seu queixo. Deneb, que nunca tinha visto isso, fez várias perguntas sinceras a Vega, que respondeu com meia atenção:

— Isso é só um remédio para fazê-la acordar, Deneb. Quando Alphard sai do corpo, seu coração bate muito fraco, por isso ela fica branca. Essa massagem acelera o ritmo do coração dela e o remédio faz o resto.

Deneb observou em silêncio, ponderando quantas outras coisas os professores eram capazes de fazer que ele não sabia. Sentiu-se naquele instante realmente infantil por tentar roubar o micro de Rigel do quarto de Vega e quase confessou o plano.

Mas Alphard acordou antes disso. Muito tonta, mas decididamente consciente. Quando deu o menor sinal de vida, Vega sentou-se a seu lado e a ajudou a sentar na cama, falando suavemente.

— Alphard... Você deu um susto e tanto no Deneb. Eu nunca o vi tão nervoso, sabia? Eu sei que você está preocupada com o Rigel, querida, mas ele vai voltar. Pode ter certeza. Não precisa se preocupar com isso. E não dê um susto desses na gente de novo, sim? Eu também fiquei um pouco assustado.

Alphard assentiu atordoada.

— Eu vou pedir para trazerem algo para que coma. Alguma coisa bem doce para você ficar acordada.

Alphard assentiu novamente.

Vega ergueu-se, arrumou suas coisas, e saiu do quarto, batendo a mão no ombro de Deneb e dizendo:

— Ela está bem agora, Deneb. Tome conta dela para mim, está bem?

Deneb, imitando Alphard, assentiu sem palavras.

Vega se foi.

Deneb expirou aliviado por um longo tempo, e, lembrando-se de Procyon, concentrou-se intensamente nele.

"Procyon, Vega está voltando."

Segundos depois, ouviu Procyon nitidamente:

"Eu já peguei o disco de Rigel."

Deneb sentiu que fazia muito tempo que não relaxava tão profundamente.

Quando Procyon apareceu no quarto de Alphard com o disco do computador de Rigel nas mãos, o lanche que Vega mandou trazer para a menina já havia sido devorado. Ela estava agora bastante acordada.

Deneb não perdeu tempo e instalou o disco no computador de Alphard, retirando sua conexão de rede para garantir que ninguém pudesse saber o que eles estavam fazendo. Cinco minutos depois, com o processo terminado, ligou o micro de Alphard e começou a vasculhar os arquivos que Rigel tinha usado por último em seu computador.

Procyon e Alphard, novamente, esperavam pelo resultado da busca que Deneb fazia. Procyon perguntou a quem quisesse responder:

— O que é que vai acontecer quando Vega descobrir que o micro de Rigel foi roubado?

Deneb, sem tirar os olhos da tela, respondeu:

— Provavelmente ele vai ligar dois mais dois e vir atrás de nós.

— Não – soou Alphard, quase desconexa da cena.

Os dois se viraram e ela simplesmente completou:

— Quando ele descobrir vai ser tarde demais. Eu vi... Quando estava fora.

Procyon entendeu imediatamente o que Alphard disse. Deneb resolveu aceitar aquilo como o resultado de uma premonição e continuou seu trabalho.

Minutos depois, Deneb disse:

— Encontrei algo.

Procyon e Alphard pareciam formigas em direção ao açúcar quando se aninharam a ele.

— Não é muito, mas é um bom começo. Tem um nome aqui, Lúcio Costa, e um endereço. Deve ser o endereço dele. Esses são os arquivos que estavam faltando no servidor. Foi o próprio Rigel quem os apagou.

— Isso está bom, Deneb. Tá ótimo. Eu e Alphard podemos procurar por Rigel com estas informaões.

— Eu ainda não posso, Procyon.

— Por quê?

— Vega me deu alguma coisa para me deixar acordada. Eu vou precisar de um tempo até conseguir relaxar de novo. Vamos ter que esperar um pouco.

Deneb olhou para os dois, e disse:

— Então eu sugiro que cada um vá para o seu quarto e se troque. Vamos jantar com os outros e depois nos encontramos no quarto de Procyon. E vamos torcer para ninguém descobrir o que a gente fez até lá.

Procyon e Alphard concordaram. Alphard completou:

— Eles não vão, Deneb. Não hoje.

Capítulo XV

Aliança com Lúcio

— Sua culpa? Sua responsabilidade? – perguntou Lúcio. Cláudio finalmente havia chegado ao motivo real da conversa e do seu encontro.

A esta altura, Isabela havia retornado à sala e estava novamente sentada ao lado do pai. Quieta como sempre, mas extremamente atenta. Lúcio se pegou imaginando o que aquela mulher estava vendo nele. "Ela é uma clarividente, afinal, o que será que vê no meu futuro?" Percebeu que ela estava, no momento em que ele a observava, ponderando os seus motivos e intenções, e o que havia por trás deles.

A sensação era de todo desconfortável. Mas existia uma parte de Lúcio, e uma parte até grande, que queria que ela continuasse. No momento em que ele percebeu isso, viu-a corar levemente e sentiu que a encabulou.

— Sim, Lúcio – Cláudio trouxe-o de volta à conversa depois de alguns segundos observando o que se passava entre Lúcio e Isabela. — Lembra-se de quando eu lhe falei que, por muito tempo, fiquei esperando uma chance de mudar a forma como a Cosmos faz as coisas?

Lúcio assentiu.

— Pois bem, eu tive que esperar quarenta anos. Em todo este tempo, nunca tive uma oportunidade tão boa quanto esta.

— Por quê?

— Bem, existem vários detalhes no caso de Rigel – corrigiu-se –, Alan, que são favoráveis. Por exemplo, o fato dele ter sido capturado aos três anos. Veja, a grande maioria das crianças é trazida à Cosmos muito jovem, com dias de vida. Poucas chegam com alguns meses, mas estes casos são complicados, e estes raptos são muito estudados. É bem mais fácil raptar uma criança nos seus primeiros dias de vida dentro da maternidade.

— Então por que eles demoraram três anos para pegar meu filho?

— Bem, no caso de Rigel, havia complicadores. Principalmente, porque você era da polícia. Naturalmente tinha vários recursos à disposição e acesso à informação privilegiada. Você era uma ameaça em potencial. Nos primeiros dois anos, eles ficaram analisando seus hábitos, procurando um meio de raptar seu filho e lhe assassinar de uma vez só.

— Me matar? – Lúcio espantou-se. Parecia-lhe obvio que se uma organização secreta de paranormais o quisesse morto, ele estaria.

— Sim, Lúcio. Se eles lhe deixassem vivo, estariam se arriscando a serem descobertos. Lembre-se que eles pensam em você como um paranormal. Latente, mas ainda assim, com grande potencial. E há vários casos de paranormais latentes cujas habilidades foram despertas por um grande choque emocional.

— Então, passada a oportunidade de raptar seu filho nos primeiros dias, os dirigentes da Cosmos discutiram e debateram sobre o que fazer com Rigel, e o tempo passava. Eles quase decidiram deixá-lo crescer entre os normais. A verdade é que seu filho era uma tentação muito grande para Rasalas e ele não podia deixá-lo ficar entre os mundanos. Afinal, Rigel era possivelmente um dos maiores paranormais do mundo.

— Mas, como você pode imaginar, o pessoal da Cosmos não conseguiu encontrar um meio de raptar seu filho e acabar com a sua vida de uma vez só. Então, como o tempo deles era curto, eles resolveram partir para outra estratégia.

— Curto? Por que o tempo deles era curto?

— Porque se seu filho passasse dos três anos, não poderia mais ser raptado. A base para a criação das crianças na Cosmos é que elas não se lembrem da sua vida normal. Eles nem ao menos sabem que tem pais vivos, acham que foram todos adotados. A única exceção são os poucos filhos dos alunos mais velhos. Só quando um aluno gradua, quando ele passa dos dezenove anos e, a esta altura já está muito bem condicionado pela doutrina de Rasalas, só aí é que eles lhe contam a verdade.

— É um fato comprovado que as crianças e jovens não se lembram de nada que aconteceu até os seus três anos. Mesmo Deneb, o aluno de Terceira Geração com a melhor memória da fundação, não consegue se recordar de fatos que ocorreram antes dessa época. Os três anos de idade são uma barreira para os dirigentes da Cosmos. Se eles não pegam uma criança até essa idade, eles não podem mais pegá-la.

— Ou eles correm o risco da criança se recordar de seu passado enquanto está treinando a memória – completou Lúcio.

— Exatamente. Você entende, então, porque eles tiveram de adotar medidas drásticas para se apoderar de seu filho.

— E essas medidas drásticas envolveram o assassinato de minha esposa.

— Sim. Eles causaram o acidente que matou sua mulher. Induziram telepaticamente uma pessoa a bater no carro dela e fazê-lo sair da pista. Quando ela estava inconsciente no carro, eles pegaram seu filho, substituíram-no por um cadáver, e atearam fogo no carro.

Lúcio sentiu o sangue subir lentamente enquanto revia e revivia mentalmente os detalhes da tragédia.

— Lembra-se da testemunha que identificou o homem que bateu no carro de Laura? – perguntou Cláudio.

Lúcio assentiu calado.

— Pois bem, o nome dele é Vega, um dos agentes da Cosmos.

Os olhos de Lúcio faiscaram de raiva. Cláudio continuou ao perceber o instinto assassino do policial vindo à tona.

— Lúcio, eles assassinaram sua mulher para lhe despistar. Com Laura morta, e um cadáver no lugar do filho, mesmo que ele estivesse além de identificação, eles acreditaram que lhe dariam um choque grande o suficiente. Que sua perda seria doída o bastante para lhe roubar a ação.

Lúcio, entre dentes cerrados, completou:

— E como havia um culpado confesso... Eu não iria investigar o assunto...

Cláudio assentiu, e serviu-se de vinho. Lúcio ficou se remoendo por um bom tempo ainda. Cláudio lhe permitiu esses instantes para, mais uma vez, o policial reviver o luto pela esposa e filho.

Lúcio via novamente todas as cenas em sua mente. O momento em que foi avisado por telefonema sobre o acidente. A hora em que chegou no hospital e recebeu a notícia que Laura não havia sobrevivido ao transporte para a UTI. Lembrou-se de ter ficado sentado em um banco no saguão do hospital, horas a fio, tentando acreditar no que havia acontecido. O momento quando foi ao necrotério, identificar o corpo da esposa e filho... Embora não houvesse como identificar Alan...

Lúcio relembrou tudo com nitidez assustadora. Mas viu algo a mais. Viu além do que sempre observava quando se relembrava da morte de Laura. Viu-se como uma marionete. Relembrou o dia em que, no tribunal, presenciou a condenação do motorista que havia causado o acidente, dos momentos em que a única testemunha ocular o identificava. Lembrou-se, para seu espanto, com clareza total dos rostos, expressões e sentimentos.

Em sua lembrança viu aquele homem. A testemunha. O agente da Cosmos. Vega, sorrir por dentro enquanto um homem inocente ia para a cadeia. Lúcio aprendeu a odiá-lo. Viu-se incapaz de ação. Viu-se manipulado, conduzido em mente e espírito em direção a um beco sem saída. A escuridão da perda. A solidão da morte.

Naquele momento, porém, diferente do que imaginava que aconteceria, ao relembrar-se de tudo isso Lúcio não foi tomado de raiva, ódio ou desejo de vingança... Sentiu-se, sim, imensamente cansado. Deixou-se exalar profundamente e, como se não tivesse mais forças para odiar aquele homem, resignou-se. Olhou abatido para Cláudio e disse:

— E eles ainda se acham melhores que os humanos normais?

Cláudio esperava que Lúcio tivesse algum rompante de raiva ou acesso de violência. Preocupou-se. Ao mesmo tempo em que repensava seu plano, admirou Lúcio. Tudo o que conhecia sobre aquele homem lhe levava a crer que ele deveria estar urrando de ódio. Mas, ao contrário, havia feito algo raríssimo entre os normais: revendo suas memórias ele mudou sua personalidade. "Isso", Cláudio pensou, "é coragem". E foi nesse momento que passou a respeitá-lo.

"Não tem importância. Se Lúcio não vai me ajudar por vingança, como eu achei que faria, essa mudança indica que ele vai colaborar porque é a coisa certa a fazer".

Cláudio arriscou continuar:

— Mas Lúcio, por pior que seja, sua tragédia pessoal me forneceu os meios que eu precisava para mudar a Cosmos.

— Meu filho?

— Sim, Alan. Como todas as crianças da Cosmos, ele não manteve as memórias do que aconteceu antes dos três anos por muito tempo, e logo se esqueceu completamente. Havia, inclusive, um grupo de telepatas que ficava com ele o tempo todo nos primeiros meses, cuidando para que ele não se lembrasse de nada.

— Mas eu sabia, Lúcio, que as memórias de uma vida anterior à Cosmos estavam lá. Inconscientes. Suprimidas. Mas com um conselho aqui, uma sugestão ali, uma dedução acolá, eu consegui, ao longo de muito tempo, estimular Alan a se lembrar. Não de você ou de Laura, mas ele se lembrou instintivamente, que havia algo. Aí ele já tinha dez anos. Foi quando eu, depois de me assegurar que ele não iria me delatar aos professores da Cosmos, comecei a conversar com ele de forma um pouco mais franca.

E Cláudio prosseguiu.

— Tudo tinha que ser muito cuidadoso, Lúcio, e demorado, porque Alan estava sempre sob a vigilância. Eu achei que iria demorar mais tempo para ele tentar algo sólido como uma escapada, mas, como tantas vezes, ele me surpreendeu.

— Aos dez anos, eu falei para Alan sobre a possibilidade dele ter uma família fora da Cosmos. Essa sugestão ficou com ele e cresceu, alimentada por suas memórias inconscientes. Um ano mais tarde, depois de outros estímulos, eu lhe disse que você estava vivo e poderia lhe ajudar a achar seu endereço.

Cláudio, olhando vagamente para um ponto um pouco acima de Lúcio, disse:

— Seu filho é muito corajoso, Lúcio, pode acreditar. Eu sempre me orgulhei dele.

E Lúcio invejou aquele homem que conhecia e tinha convivido com seu filho mais do que ele mesmo.

— Pode-se dizer que eu e Alan planejamos a fuga de Rigel. Tudo com muito cuidado. Estávamos os dois em um terreno perigoso, e se alguém suspeitasse, seria o nosso fim. Na verdade, a própria fuga seria impossível, se não fosse por Sirius.

Cláudio não continuou seu relato imediatamente. Lúcio entendeu que ele queria que lhe fosse perguntado: "Que Sirius?". Lúcio, não desejando ser estraga-prazeres, concedeu-lhe essa indulgência:

— Que Sirius?

Isabela ergueu um sorriso momentâneo.

— Sirius foi um aluno de Segunda Geração. Minha primeira tentativa de mudar a forma como a Cosmos operava e o primeiro aluno que fugiu. Existem diferenças fundamentais nos dois casos. Por exemplo, quando Sirius fugiu, tinha 19 anos de idade, estava para se graduar e não foi perseguido. Além do mais, ele não era o melhor em nada, embora fosse muito talentoso.

— Mas Sirius, como Alan, era um telecinético e um telepata, e foi isso, principalmente, o que garantiu sua fuga.

— Por quê? – perguntou Lúcio genuinamente interessado.

— Como você se esconde de um grupo de videntes, que podem de qualquer lugar saber onde você está? Ou de telepatas, que podem ler sua mente a qualquer distância? Não há jeito fácil. Você tem que enganar a todos de uma vez, e fazer com que eles passem a procurar por você no lugar errado.

— Como assim?

— Tudo o que um vidente ou telepata faz precisa, necessariamente, de algo chamado "ligação". Ligação é exatamente isso: quão ligadas estão duas pessoas. Agora, eu estou falando e você está me dando atenção. Nós estamos ligados, por assim dizer, por essa atenção. Mas se você estivesse bem longe, e eu lhe conhecesse muito bem, se nós fôssemos pessoas muito próximas, nossa ligação se manteria independente da distância. A saudade, por exemplo, é a ligação entre duas mentes muito sintonizadas.

— Agora – e Cláudio nesse momento, adotou um tom levemente entusiasmado, maroto até – e se você, de uma hora para outra, mudasse toda a sua personalidade e memórias? Se você se tornasse, por assim dizer, outra pessoa? Neste caso, todas as pessoas que lhe conheciam, perderiam a ligação com você e todas as tentativas de lhe localizar pot telepatia ou clarividencia iriam falhar, porque eles estariam, na verdade, procurando por uma pessoa que não existe mais!

Lúcio ergueu as duas sobrancelhas, e, sabendo onde isso iria parar, completou:

— Foi o meu filho quem apagou a própria mente.

— Sim, Lúcio. Esse foi um processo extremamente delicado e ele fez com muito cuidado. É preciso um controle muito grande, seja telepático ou telecinético, para fazer isso. Alan poderia ter se tornado um vegetal naquele momento, ou enlouquecido de vez, enfim, poderia ter danificado seu cérebro irreversívelmente. Eu não imaginava que ele estava pronto para isso, mas... novamente ele me surpreendeu... Ele sempre teve o dom de me surpreender.

Lúcio ficou boquiaberto. Reclinou-se no sofá e ponderou os limites aos quais uma pessoa é capaz de chegar, mesmo uma criança, quando desesperada.

— Isso é loucura! – foi só o que ele conseguiu dizer.

— Ele fez isso, Lúcio, sem o meu conhecimento, sem nem ao menos me avisar. O que, aliás, foi um dos principais motivos por que não cheguei até vocês antes. A notícia demorou um pouco para vir até a mim. De qualquer forma, foi um movimento muito esperto dele. Ele pegou todo mundo de surpresa, o que reduziu muito o risco de ser capturado. Ele sabia que eu, que estava planejando isso com ele, iria encontrá-lo cedo ou tarde.

Mais uma vez, à luz dos acontecimentos, Lúcio sentiu-se completamente incapaz de ajudar seu filho. Alan vivia e agia em um mundo tão diferente do seu, mais amplo, por assim dizer, que o deixava completamente sem perspectiva de ação.

Pensou que, apesar de não considerar os paranormais da Cosmos melhores do que ele em nada, certamente, eram bem diferentes. Uma diferença que, até onde via, era incompatível com o mundo que ele aprendeu a reconhecer como natural.

Pegando um punhado de amendoins, Lúcio disse:

— Pois bem, Cláudio. Eu entendi muito bem o que você fez. Muito bem mesmo. Como você manipulou meu filho e a mim, pela razão e pela emoção, para conseguir o que queria. Mas a pergunta é: agora que estamos os dois aqui, o que você quer de nós? Como é que nós dois, um garoto pré-adolescente e um adulto "normal" podemos lhe ajudar a mudar a Cosmos?

Cláudio, como sempre, ouviu a colocação de Lúcio com total impassividade. Frieza, até. Não respondeu a pergunta prontamente, resolveu seguir outra linha antes:

— Me diga uma coisa, Lúcio. Independente dos meus motivos e métodos, você preferia que Alan tivesse continuado na Cosmos? Ou que a Cosmos tivesse continuado a "adquirir" alunos pelos seus métodos criminosos?

Lúcio ponderou a questão por um tempo que pareceu a Cláudio muito mais longo do que o esperado. Cláudio se pegou deliberando sobre o que se passava na sua cabeça. Antes, porém, de chegar a qualquer conclusão, Lúcio respondeu:

— Não.

— Lúcio, se o que eu fiz foi pelo bem do seu filho, e de dezenas de outras crianças que não mais serão raptadas pela Cosmos, você pode me dizer que meus métodos foram errados?

Lúcio, com um toque irônico, respondeu:

— Você está querendo se justificar para mim, Cláudio? Um mero "normal"? Ou é para si mesmo que está se justificando?

Silêncio. Isabela observou seu pai por um longo tempo depois da pergunta. Lúcio foi incisivo quando rompeu a pausa:

— O que você quer de mim, Cláudio?

Cláudio, encurralado, respondeu diretamente:

— Ajuda. Você pode não acreditar, mas nós dois podemos, sim, mudar a Cosmos. Eu tenho acesso àquele lugar. Eu posso chegar até Rasalas e cuidar dele sozinho, mas não com a segurança que existe. A fuga de Rigel vai ter criado uma situação tensa na fundação. As crianças devem estar abaladas e confusas. A morte de Lesath e Astérope, algo que não fazia parte do meu plano, deve ter deixado os professores em alerta. Se você for até o alojamento das crianças e revelar a elas que é o pai de Rigel, se lhes expor a verdade sobre o que a Cosmos faz, vai criar uma balbúrdia que me dará o tempo e a abertura necessários para cuidar de Rasalas sem que a segurança da fundação possa me pegar.

Lúcio deixou alguns segundos transcorrerem antes de dizer, frio:

— O nome dele é Alan.

E depois completou:

— Por que eu? Por que você não levou isso a cabo antes, com sua filha, por exemplo?

— Porque quando você estiver conversando com as crianças, elas lerão a sua mente, e ao fazerem-no, vão saber que você está sendo sincero. Diante de um testemunho destes, elas não vão conseguir negar a verdade. Se Isabela fosse em seu lugar, as crianças, que sabem que ela também é telepata, poderiam ser persuadidas pelos professores a acreditar que ela estava mentindo. Eu preciso de você, porque você é o exemplo vivo e a prova inegável dos crimes cometidos pela Cosmos e porque você é um mundano.

— Você não tinha mais ninguém a quem recorrer?

— Bom, eu sempre poderia chamar Sirius, eu tenho mantido contato com ele esse tempo todo, mas seria mais arriscado do que usar Isabela. Sirius não tem o mesmo acesso que Isabela, e seria capturado antes de chegar ao alojamento das crianças. Muita gente lá ainda se lembra muito bem dele.

— Que diferença pode fazer, Cláudio, você cuidar de Rasalas? Ele é somente um homem, e a Cosmos é mais do que isso:

é uma idéia que os outros compraram. Mesmo que você consiga acabar com ele, outra pessoa vai tomar seu lugar.

Cláudio inclinou-se para frente e falou com um tom quase apaixonado:

— Não, Lúcio. Você está enganado. Para um telepata, uma pessoa que compartilha os pensamentos e emoções dos outros à sua volta, causar a dor ou o desespero em alguém é pior do que causar em si mesmo. Os agentes da Cosmos estão fartos disso. Todos esses anos raptando crianças, apagando memórias, induzindo pais e mães à dor da perda de um filho... Eles nunca compraram essa idéia de Rasalas. Eles querem acabar com isso de uma vez por todas, só não tem condições.

— Ora, mas então porque eles mesmos não retiram Rasalas da direção?

— Porque Rasalas treinou a todos desde que eram bem pequenos. Rasalas sempre foi atento às crianças, deu-lhes atenção, sempre recompensou seus esforços. Ele é o mais próximo de uma figura paterna que eles têm. E Rasalas é um telepata, Lúcio. Dos bons. Os agentes da Cosmos confiam tão completamente nele, que suas defesas estão totalmente abertas. A ponto de que quando Rasalas fala, eles concordam. Quando ele argumenta, consegue fazer qualquer um lá mudar de idéia. Muitas vezes os agentes já expressaram a Rasalas o desejo de parar com os raptos, de devolver as crianças às suas famílias, mas sempre Rasalas os convence do contrário. O seu poder sobre os agentes da Cosmos é absoluto. Se ele cair, ninguém vai subir no seu lugar, porque ninguém, na verdade, concorda com ele. Rasalas está segurando a Cosmos apenas com a força da sua vontade. Corte fora a cabeça e o resto todo vai ruir.

Lúcio, mais uma vez, ponderou a situação. Como Cláudio havia suposto, não por vingança, mas porque era o certo, disse:

— Está bem, Cláudio, vamos acabar com isso.

Cláudio sorriu francamente, brindando sozinho a aliança com Lúcio.

Lúcio acompanhou Cláudio e Isabela em um jantar frugal, onde os três discutiram detalhadamente todos os aspectos técnicos do plano de Cláudio para tirar Rasalas da direção da Cosmos, e depois se retirou para o quarto acompanhado pela mulher.

Ao voltar, Isabela encontrou seu pai reclinado sobre o sofá. Estava ponderando todas as implicações dos comentários e perguntas feitos por Lúcio. Analisando todas as suas ações e reações no sentido de melhor compreender aquela pessoa. Cláudio dirigiu-se à sua filha, que havia começado a lavar a louça.

— O que você acha?

Isabela parou de mexer na pia da cozinha e enxugou as mãos enquanto se virava em direção ao pai. Seu rosto ainda era um colorido de machucados, mas já estavam todos bem menos marcados, mostra da sua capacidade psicometabólica de acelerar o próprio processo de cura.

Isabela observou seu pai quieta, pensando em como responder a sua pergunta. Sentiu, a certa altura, que a resposta deveria apontar para uma direção diferente da óbvia. Disse:

— As coisas não vão sair como você planejou pai.

Cláudio, sempre impassível, ergueu levemente a sobrancelha direita.

— Ele vai ajudá-lo, mas haverá muito perigo.

— Perigo para mim ou para ele?

Isabela, que então estava olhando para um ponto vago no ar, fixou seu pai com seu olhar.

— Para ambos.

Cláudio reclinou a cabeça lentamente para trás. Isabela continuou:

— Haverá mortes.

— Mais mortes? De quem?

Isabela franziu a testa. Tentou ao máximo relaxar a atenção e se focar no impulso clarividente que estava tendo, mas o envolvimento emocional sempre foi um veneno para sua habilidade. As imagens, quase nítidas, sumiram.

— Não sei – disse ela –, não está definido. Pode ser você, ele, Rigel... Ou alguém mais...

Cláudio suspirou. Tinha planejado tudo tão bem, estava tão certo de ter minimizado os riscos, mas as mortes recentes de Lesath e Astérope já lhe haviam mostrado o erro da sua lógica.

Resignado, disse:

— Vá lá. Eu fui longe demais para voltar atrás agora. Nós vamos em frente com o plano.

Isabela continuou calada. Sabia desde o início que este seria o comportamento do seu pai. Assentiu calmamente e voltou a lavar a louça.

Capítulo XVI

A viagem de Alan

Charles Jordan entrou em sua casa no subúrbio de Kingston, em Londres. Depois de mais um longo dia de visitas a empórios, pesquisa de material e conversas com clientes, não queria saber de mais nada além de sua cama.

Enquanto preparava para si um jantar com as calorias contadas, tirava de cima da mesa da cozinha as espátulas, talhadeiras e martelos que havia deixado ali. Empilhando-os em uma cadeira ao lado de uma de suas esculturas inacabadas, pensava na melhor forma para captar a essência do novo instituto de Belas Artes de Oxford, cuja escultura inicial havia ficado encarregado de produzir.

E não é que ele não tivesse idéias, mas o pessoal do instituto mudava de opinião tantas vezes... Este contrato estava saindo bem mais trabalhoso do que ele havia imaginado.

De nada adiantava ser um telepata e ler a mente dos clientes, se eles mudavam de idéia a cada semana...

Ainda assim, apesar de já ter enviado oito sugestões e agüentado dez reuniões, uma menos produtiva que a outra, pensava intensamente em como captar a natureza do local de acordo com a visão atual dos diretores. Ele gostava do que fazia.

A última coisa na sua cabeça era a Fundação Cosmos.

Mesmo assim, quando terminou de comer e lavou os pratos, a porta da frente fechou sem que ninguém a tivesse empurrado. Quando ele subiu as escadas e olhou de relance para a sala, trouxe para suas mãos seus instrumentos, que vieram flutuando sem sustentação visível. Uma parte da sua consciência registrou que ele podia ter saído da Fundação, mas a Fundação nunca saiu dele.

Charles, que havia sido Sirius, gostava de praticar seus truques em silêncio, e de se contentar, solitário, com o conhecimento que ele era capaz de fazer e ver coisas que ninguém a seu redor poderia seriamente suspeitar.

Era essa diferença básica das outras pessoas. Diferença a que uma infância inteira lhe havia condicionado e que lhe impedia de ter qualquer relacionamento duradouro. Algumas vezes... três, para ser exato, ele tentou contar a verdade sobre o que era capaz de fazer a uma companheira.

Elas nunca mais apareceram.

Charles havia se acostumado com a solidão. A independência que ele gozava era, de certa forma, um tesouro do qual não queria abrir mão.

Entrou em seu pequeno escritório, tão bagunçado quanto o resto da casa, e mais uma vez pensou que a senhora Wright, que vinha uma vez por semana para limpar a casa e arrumar suas coisas, merecia um aumento só pelo desleixo dele. Mas aquele mês havia sido complicado financeiramente e dar um aumento para sua empregada era a última coisa que ele faria.

E foi assim, sem nenhum aviso, com a cabeça totalmente voltada para as coisas cotidianas, que ele ligou seu computador e foi checar suas mensagens. Em meio aos quilos de correspondências de clientes e fornecedores, e o tradicional Spam da Internet, uma mensagem lhe saltou aos olhos.

O remetente era "Cláudio Machado", o título, "É hora de um passeio no parque".

Não havia nada escrito. Mas era desnecessária qualquer explicação.

O título era a senha, combinada entre ele e Cláudio mais de quinze anos atrás, para indicar que havia chegado a hora da finalização de seu plano. O fim dos crimes da Cosmos.

Fechou os olhos por um tempo, fazendo uma breve recapitulação de sua vida, suas escolhas, seus erros e acertos. Começou a limpar seu computador, e a primeira coisa que apagou foram suas mensagens eletrônicas. Especialmente as mensagens que trocou com os mercenários que havia contratado para espionar os servidores da Cosmos e da GWI por tantos anos. O último deles, coitado, havia esquecido até mesmo do contrato firmado depois que Lesath e Astérope o pegaram em Paris. E mesmo assim, mesmo depois de tantas invasões ordenadas por ele, jamais suspeitaram, jamais imaginaram que era Sirius o mentor por trás de tantas tentativas de espionagem industrial...

Charles reclinou-se em sua cadeira. Sorrindo para as ironias do destino, pensou em quanto conseguiria pela casa mobiliada e que teria de arranjar um lugar para a senhora Wright antes de se mudar definitivamente. Agradeceu mentalmente a Lesath e Astérope por não precisar pagar a outra metade do seu último contrato, já que seu mercenário nem mesmo se lembrava do valor combinado... Sentiu um certo remorso de deixar o instituto de Belas Artes de Oxford sem sua escultura, mas logo se lembrou do temperamento do cliente e o remorso sumiu.

Resignado e já com saudades deste período da sua vida, pegou o telefone e comprou uma passagem aérea.

Primeiro houve o relaxamento, a sensação gostosa de ter o corpo cada vez mais pesado. Depois, sentiu-se mergulhar cada vez mais dentro de si mesma, como se ela ficasse pequena, encolhendo até não ser mais nada.

Instantes depois, quando as imagens dos sonhos começavam a se formar e passavam por sua semiconsciência com impessoalidade, sentiu-se acelerar levemente, e deslizou, como se estivesse escorregando para cima.

Sentiu, mais uma vez, que seu corpo havia sido percorrido por uma corrente elétrica. Um choque sem dor. E a sensação de velocidade ficou bem mais forte. Imóvel, mas tranqüila, viu as imagens oníricas fundirem-se às reais, e percebeu, subitamente, que estava deslizando agora para o lado.

Quando a imagem ficou novamente nítida, Alphard observou o quarto à sua volta, o corpo caído inerte na cama, e soube, mais uma vez, que estava fora. Livre. Imersa no Mundo Real.

Exultante, inspirou, ou sentiu-se inspirar. O próprio ar era pesado demais para ela naquele momento. Aumentou de tamanho, como um gás se expandindo, e ergueu-se rapidamente, leve e desimpedida, flutuando para cima. Passou pelo teto, pelas telhas e por sobre os alojamentos das crianças da Cosmos, até ficar metros acima da fundação.

Então viu, percebeu, na verdade, que Procyon estava esperando por ela. E entendeu que demorou muito tempo para sair do corpo, embora, naquele momento, isso não tivesse a menor importância.

Ela estava livre, novamente solta. E por vários minutos, Alphard e Procyon flutuaram entre as nuvens, acelerando e freando, compartilhando do simples prazer de voar sem peso e sem preocupação. Sem sequer ter um cérebro para atrapalhar as percepções puras do corpo astral.

Lutou bravamente contra o desejo de erguer-se mais ainda e voar entre as estrelas, dar a volta na Lua, visitar os anéis de Saturno e as tempestades de Vênus. Virou-se para ele, a quem chamava de Procyon quando estava presa, e lhe enviou o seguinte pensamento:

"Temos de ir até a casa do pai de Rigel."

"Sim", foi a resposta. Juntos, como se tivessem ensaiado, concentraram-se intensamente no endereço que haviam memorizado e desejaram estar lá.

Voaram a uma grande velocidade. Sentiram passar rapidamente por vários lugares distantes e viram imagens que se sucederam freneticamente. Subitamente, estavam na casa de Lúcio.

Vagaram pelo local por um tempo, distinguindo, entre as imagens que viam, quais eram do mundo físico e quais eram do mundo astral. Logo perceberam que, se uma pessoa de carne entrasse ali, veria a casa vazia.

Foram até o local, no segundo andar, onde Lúcio costumava dormir. A profusão de imagens e cenas que se sucediam naquele cômodo era tal que eles tiveram de esperar um pouco até notar o que era físico ali e o que não era.

Procyon falou:

"Ele é como nós."

Alphard completou:

"Não aqui, mas depois da tempestade."

"Sim", veio a resposta. "Ela sempre foi mais sábia", Procyon pensou. E Alphard, ou aquela parte dela que amava estar fora e lembrava-se do seu lar, dirigiu-lhe o que só pode ser descrito como um sorriso.

"Um armário... isto é fixo", perceberam, e viram dentro dele, várias roupas.

"Este lugar está cheio dele, isto é bom", Procyon soou novamente.

Ficaram imersos em um mar de imagens. Filmes translúcidos que lhes contavam os sonhos e pensamentos residuais de Lúcio. Observavam aquele mar de memórias, que passava lentamente por eles, e conheciam Lúcio em cada uma delas. Compreendiam como ele pensava, por que agia, seus desejos e medos.

Havia muita tristeza naquelas imagens. Muita violência e pouca alegria. "São todos assim", pensaram em conjunto, "está tudo triste no mundo fixo".

E então, aquela que era Alphard virou-se para uma imagem em específico e disse em pensamento:

"Ali."

Pelo espaço, para além das medidas conhecidas, viraram suas percepções e viram um homem sentado em uma cadeira.

"Ali", pensaram ambos, "E aqui!".

Novamente, a grande aceleração. A sensação de ser agarrado e jogado a uma velocidade imensa, e depois, o repouso.

Ali estava ele, o homem. E outros também. E eles souberam.

"Achernar e Alhena!"

E tudo ficou óbvio.

"Foram eles que ajudaram Rigel."

"Eles estavam do nosso lado, e nós não sabíamos", Procyon disse.

"Nós sabíamos", respondeu Alphard, "mas não ouvimos direito". E Procyon concordou integralmente.

Flutuaram, cada um por si, e vasculharam a casa. Ampliaram suas percepções, e atravessaram parede, teto, chão, portas e janelas como se estes não existissem. Alphard ouviu Procyon:

"Aqui! Aqui! Ele está aqui".

Um pensamento depois, Alphard e Procyon estavam juntos. Em um dos quartos de Cláudio, viam claramente, deitado na cama como um saco de batatas, um corpo de carne. Logo acima, repleto de imagens bem claras e fortes, um outro ser.

Eles viram, mas não reconheceram no princípio, quem era. Podia ser qualquer pessoa, Um tempo depois, porém, eles reconheceram o corpo.

"É ele", e Procyon entristeceu-se, "veja só o que ele fez! Veja só o que ele destruiu! Ele não é mais o mesmo!".

"Ele ainda é! Mas não aqui", respondeu Alphard.

"Vamos tirá-lo daqui."

"Sim, eu e você podemos", Alphard respondeu.

E aproximaram-se de Rigel, cada um por um lado. Chegaram bem perto, e viam nitidamente os seus sonhos cintilando ao seu redor. Sonhos assim, tão claros, só poderiam ocorrer ao lado de alguém com muita força. Alphard e Procyon observaram, silenciosamente, que o seu amigo estava mais forte agora do que quando eles o viram pela última vez.

"O que ele fez aumentou sua potência", pensaram em conjunto mas resolveram não investigar o assunto naquele momento. Concentraram-se em Rigel. Se estenderam em direção a ele, tocando-o levemente, perturbando os seus sonhos, e pouco a pouco, envolveram-no até se encontrarem.

"Vamos com calma", Alphard ouviu Procyon, "para não assustá-lo e acordá-lo".

Juntos, Procyon e Alphard puxaram Rigel para cima, para fora de seu corpo. A princípio, ele veio normalmente, mas quando estava mais ou menos trinta centímetros acima do próprio corpo, e ainda dormindo, começou a oferecer resistência. Procyon e Alphard forçaram um pouco mais, e quase o perderam quando todo o seu sonho tremeu. Esperaram um tempo, sustentando Rigel naquela altura, e tentaram novamente. Agora bem devagar, com suavidade.

Lentamente, Rigel foi subindo um pouco mais, erguendo-se um centímetro após o outro. Quando estava a um metro do próprio corpo, Procyon e Alphard sentiram toda a resistência ceder. Rigel, ainda adormecido, começou a flutuar para o lado, sendo levado unicamente pela maré das intenções dos seus sonhos.

Poucos segundos depois, seu sonho cessou, e ele entrou em um estado de inconsciência. Ao seu redor, havia apenas os ecos das imagens oníricas que ele havia criado pouco tempo atrás.

Rigel, diferente de Procyon e Alphard, estava fora do próprio corpo mas mantinha a mesma aparência deste. Seus amigos pegaram-no pelos ombros e o levaram para longe, no topo de uma montanha a milhares de quilômetros dali. Lá, Alphard tocou a cabeça de Rigel suavemente, e o acordou.

Quando Rigel despertou, Procyon e Alphard tiveram de segurá-lo com todas as suas forças para impedir que o susto o levasse de volta a seu corpo.

"Estou morto! Estou morto!", ele gritava, sem ao menos se dar conta que não tinha mais voz. Seus gritos eram inteiramente mentais e nada sonoros.

"Não, Rigel, não. Você está conosco. Você É!" - diziam-lhe Alphard e Procyon, que, para acalmar o amigo, haviam assumido a forma de seus corpos físicos.

Rigel parou de se debater quando percebeu que, realmente, estava vivo. E no instante seguinte, como acontece com todos os viajantes astrais iniciantes, sentiu-se imensamente leve, calmo. Viu a si mesmo e suas preocupações anteriores com suprema indiferença.

"O que aconteceu comigo?", disse.

"Rigel", Alphard lhe falou, e ao fazê-lo, concentrou-se para que seu corpo astral desse a impressão de estar realmente falando. "Eu e Procyon lhe retiramos do seu corpo."

"Eu não sabia que isso era possível", disse ele.

"Nós também não sabíamos se ia funcionar com quem nunca tinha saído por si mesmo", respondeu-lhe Procyon. "Mas você é forte, e soube se controlar bem. Se fosse uma pessoa normal, nós não teríamos condição de tê-lo mantido fora por muito tempo."

Rigel virou-se e disse:

"Quem são vocês?"

Alphard e Procyon se entreolharam, e, tristes, perceberam que Rigel, ligado como ainda estava ao corpo físico, não se recordava deles mesmo no Astral.

"Nós somos seus amigos, Rigel, da Cosmos", começou Alphard.

"Nós ficamos muito preocupados com você e o procuramos de todas as formas", Procyon continuou, "Rigel, nós sabemos de tudo. Sabemos que os professores mentiram para a gente todo este tempo. Sabemos por que você fugiu".

Rigel, levemente confuso, disse:

"E por que eu fugi? Por que eu não lembro de nada?"

"Rigel", Alphard aproximou-se dele, tocando-o no ombro. Ela e Procyon viram a expressão de espanto de Rigel diante da sensação do toque Astral. "Você mesmo apagou suas memórias. Você fez isso para que ninguém pudesse lhe encontrar com telepatia ou clarividência."

Rigel pareceu pensar no assunto. Não só ficou quieto, mas voltou-se sobre si mesmo no movimento claro de elaboração intelectual. Sem perceber o efeito que isso tinha causado na sua aparência, disse:

"Por que vocês vieram atrás de mim? É perigoso!"

"Nós queremos lhe ajudar a se lembrar, Rigel"

E Rigel, vislumbrando rapidamente os desdobramentos das suas atitudes, respondeu-lhes:

"Eu preciso me lembrar. É hora."

Alphard e Procyon lhe estenderam a mão.

"Então venha conosco".

Rigel estendeu-lhes suas mãos, e sentiu-se impelido para frente, flutuando sobre os campos abaixo a uma velocidade espantosa. Viu-se aparecer e desaparecer de vários lugares, e chegou, por fim, a um grande jardim entre três pequenos prédios.

Ao seu redor, árvores físicas brilhavam exalando uma luminosidade etérea que se misturava ao cintilar dos pequenos seres vivos da grama. Duas pessoas físicas passavam por aquele local naquele momento, emanando brilhos fortes e marcados, deixando atrás de si um rastro de luminosidade que permanecia ainda por um bom tempo no ar.

"Esta é a Fundação Cosmos, Rigel."

Rigel, indiferente, perguntou-lhes:

"Por que vocês me trouxeram aqui?"

Procyon adiantou-se à frente deles e disse:

"Veja, Rigel."

Rigel percebeu para onde Procyon estava apontando, embora não tenha se dado conta que não era com um braço que ele apontava. Ali, à sua frente, como se fosse um relevo em um vidro embaçado, muito fraco e transparente, havia várias imagens movendo-se no espaço, mesclando-se. Conforme Rigel as observava, elas ficavam mais nítidas e a cor voltava a elas. Elas se tornavam, para Rigel, mais fáceis de se perceber que o mundo físico.

Rigel percebeu então que estava vendo uma imagem de duas crianças correndo. Estavam brincando. Logo percebeu que uma das crianças era ele próprio.

Quando se deu conta disto, surpreendido, viu a imagem desaparecer de sua frente e voltar a ser apenas uma leve distorção no ar. Rigel olhou ao redor e viu que o ar inteiro à sua volta estava distorcido. Compreendeu que estas imagens estavam em toda parte, todo o tempo.

"Eu vi a mim mesmo!", exclamou impressionado.

"Todas as coisas que aconteceram", disse-lhe Alphard, flutuando pelo jardim, "deixam gravado no mundo astral as suas imagens. E todas as coisas que vão acontecer também. É muito difícil ver estas coisas. É mais fácil ver o que aconteceu com você mesmo do que com os outros, mas nós podemos lhe ajudar, Rigel. Através de nós, você pode se lembrar de tudo o que fez, pensou e sentiu, porque nada se perdeu. Nada nunca se perde, toda a existência é Eterna e permanece imutável no mundo real".

"Quando você vê o que está acontecendo à distância", disse Procyon, "ou vê o futuro ou o passado em sua mente, você está, na verdade, olhando estas imagens, só que sem sair do seu corpo. Aqui fora, ver estas coisas é mais fácil. Elas parecem mais fortes. Mas todo mundo pode vê-las, mesmo dentro do corpo".

"E eu vou me lembrar de tudo isso?", Rigel perguntou espantado.

"Não Rigel", respondeu Procyon, "você vai viver tudo isso de novo. Será como se fosse a primeira vez para você".

"E eu vou me lembrar disso quando acordar?"

"Nós não sabemos, Rigel, mas achamos que sim."

Procyon e Alphard viram a forma de Rigel se desfocar e aumentar levemente o volume, como se ele mesmo estivesse se sublimando no ar, ponderando a oferta. Percebendo que seu amigo estava, finalmente, se entregando à idéia, estenderam seus braços a ele enquanto ele dizia:

"Então vamos."

Alphard e Procyon abraçaram Rigel, e ele viu, subitamente, todas aquelas imagens crescerem em força e lhe assolarem de sensações. Sentiu-se tremer até os pilares da sua alma. Foi invadido por velhos medos, velhos pensamentos, velhas memórias. Viu, e sentiu, naquele local além da visão comum e em um tempo além do tempo, toda a sua vida como ela havia sido.

Sentiu-se novamente nascer, crescer. Viu com horror o momento em que foi raptado, levado de seus pais enquanto sua mãe, em seus últimos momentos, despedia-se dele com revolta e frustração. Viu-se novamente na Cosmos, aprendendo, treinando, crescendo em força aos olhos dos professores que ele aprendeu a amar. Viu-se conversar tantas e tantas vezes com as mesmas pessoas que o haviam raptado, e sentiu-se novamente amado. Querido por todas elas. Viu-se conversar especialmente com Lesath, e observou, com horror mudo, o quanto gostava daquele homem, aquele a quem ele mesmo havia assassinado, e o quanto respeitava Astérope.

Reviu sua vida inteira. Banhou-se nas suas próprias experiências, e por muito tempo, pelo resto de sua vida, aliás, ele nunca mais soube dizer se aqueles primeiros doze anos, ele os havia vivido em si, e depois relembrado deles naquela noite, ou se desde o começo, ele havia compartilhado sua vida consigo mesmo, acompanhado seus próprios passos de dentro de sua própria alma.

Viu e viveu novamente toda sua vida até aquele momento, e foi além. Olhou sua vida posterior. Observou suas próximas escolhas e os próximos desdobramentos. Entendeu onde estava e quais caminhos poderia trilhar. E, naquele momento, e talvez pela primeira vez, esforçou-se por mudar o que via. Mudar a si mesmo, e, igualmente, o seu destino. Contemplou suas escolhas e suas consequências. E tornou-se consciente do tamanho real da liberdade das pessoas.

Nada disso ele se lembraria ao acordar. Na verdade, o choque a que Alphard e Procyon lhe impuseram foi tão forte, que ele nem mesmo se recordaria que esteve fora de seu corpo, como quase sempre acontece com quem não tem prática na viagem astral.

Quando Alan acordou, no meio da noite, no quarto em que estava dormindo na casa de Cláudio, nos primeiros instantes sentiu-se simplesmente despertar de um sonho muito vívido.

Mas logo, relembrando-se do sonho e suas sensações, das emoções sentidas e como elas eram reais para ele, percebeu claramente que aquele não havia sido um sonho normal.

Ele ainda era Alan Costa, o filho de Lúcio Costa. Mas havia sonhado com Rigel, e lembrava-se dele naquele momento, como quem se recorda de um sonho muito vívido. Nos primeiros instantes de seu despertar, concentrou-se intensamente nas imagens vividas, na história e nas sensações, e gravou os detalhes do sonho da melhor forma que pôde.

Por fim, quase uma hora depois, levantou-se da cama e, ponderando o que havia visto e vivido naquela noite, tomou uma decisão. Sem que ninguém soubesse, saiu da casa de Cláudio e começou a caminhar em direção à Fundação Cosmos.

Rigel, que havia fugido de si mesmo, estava de volta.

Capítulo XVII

A segunda fuga de Rigel

No dia seguinte, Lúcio e Cláudio conversavam cedo pela manhã, em uma mesa com um suntuoso café colonial, entre papéis e planos, repassando os passos e detalhes combinados, quando Isabela apareceu descendo as escadas.

Era a terceira vez que Lúcio revia as plantas da Fundação Cosmos. Tentava ao máximo decorar as posições das salas pelas quais deveria andar, as localizações das câmeras e, os pontos onde ele poderia ser mais facilmente encontrado por quem o estivesse perseguindo. Além disso, tentava memorizar as rotas mais comuns realizadas pelos professores, alunos e empregados.

Nenhum deles percebeu a aproximação de Isabela, absortos como estavam em seu plano. Lúcio começava a crer, cada vez mais, que isso não seria tão difícil quanto parecia e que a central inviolável da Cosmos não era tão segura quanto eles pensavam. Cláudio, analisando os planos uma vez mais, dispensava vários olhares a Lúcio, ponderando seu estado emocional e preparo para levar a cabo o que estava para fazer.

— Pai, Lúcio – Isabela chamou-os. O tom de sua voz captou-lhes imediatamente a atenção. Cláudio, conhecendo a filha bem demais para deixar de notá-lo, respondeu imediatamente:

— Filha, o que foi que aconteceu?

Isabela não mostrava, fisicamente, nenhum sinal de preocupação ou perigo. Sua voz havia saído em total contraste com sua postura. Lúcio percebeu-a como se estivesse acima, destacada do que quer que estivesse acontecendo.

Até ela falar novamente. Quando ela falou, notou claramente o quanto de sua posição era apenas uma pose e quanto era natural.

— É Alan. Ele não está em seu quarto.

Lúcio, abandonando todas as considerações psicológicas sobre Isabela, ergueu-se imediatamente:

— Como é? Onde ele está?

— Ele não está nesta casa, Lúcio – disse Isabela entre triste e didática. — Ele foi embora ontem à noite.

Cláudio, que ainda estava sentado, baixou um pouco o rosto e passou a ponderar essa novidade. Lúcio, muito menos composto, perguntou olhando ora para Isabela, ora pra Cláudio:

— Mas como ele pôde sair sem que nós percebessemos?

Foi Cláudio quem respondeu como se fosse a coisa mais natural do mundo:

— Ele levitou.

Isabela completou:

— A janela do seu quarto está aberta.

Lúcio sentou-se, incrédulo. Cláudio, sempre a observá-lo, disse:

— Isso não muda nosso plano principal, Lúcio.

— Não? Mas... – e, percebendo o que Cláudio havia deixado subentendido, disse – Você acha que ele foi para a Cosmos?

— É o único lugar aonde ele poderia ir – disse Isabela –, o menino deve estar achando que, se ele se entregar, vai poupar-nos do perigo.

— Mas Alan não sabia o que nós estávamos planejando! – retrucou Lúcio.

— Ele não precisa ter ouvido nossa conversa para saber, Lúcio. Não se esqueça nunca que seu filho é, e possivelmente sempre será, muito mais perspicaz do que podemos supor. Depois de tudo o que aconteceu, ele pode muito bem ter deduzido isso.

— Deduzido?

Cláudio assentiu calmamente, e, reforçando o que Isabela havia acabado de explicar, disse:

— A Cosmos é o único lugar lógico aonde ele pode ir.

— Então o que faremos?

— Continuamos com o plano. Só que você vai passar a ter dois objetivos agora. Avisar as crianças e encontrar seu filho.

Lúcio lançou um olhar para as plantas da Fundação, e Cláudio, adiantando-se, começou a explicar:

— Ele provavelmente será levado para esta, esta, ou esta sala, que é onde...

Continuaram a falar e ponderar, à luz da fuga de Rigel, como melhor adaptar seu plano. Isabela acompanhou-os por todo o tempo, durante as fases finais do seu planejamento, em suas deliberações, enquanto se preparavam, se vestiam, e até a porta da casa, despedindo-se deles e desejando boa sorte e tudo o mais.

Em nenhum momento mostrou ou falou sobre a pequena nota que havia em seu bolso, o bilhete que ela havia encontrado no quarto de Rigel quando foi acordá-lo, direcionado especificamente a ela:

"*Alhena,*

Não fale a ninguém sobre esse bilhete.

Você precisa ir à Cosmos depois de seu pai.

Só assim ele poderá ser salvo.

Rigel."

Alphard foi uma das primeiras pessoas a entrar no refeitório da Cosmos naquele domingo. Procyon veio logo atrás. Ambos ainda estavam atordoados pela noite anterior.

Eles nunca haviam feito antes algo nem próximo do que fizeram naquela noite. Concentrar-se de forma tão intensa e por tanto tempo em imagens do passado. Trazer à luz, novamente, lembranças tão antigas e tênues.

O esforço mental era extremo, mas as imagens, revigoradas, sucedendo-se umas às outras, lhes conferiam um novo tipo de prazer. Alphard e Procyon, enquanto sustentavam Rigel em meio àquele furacão de lembranças, sentiram-se como se fossem, de certa forma, oniscientes. Como se naquele instante pudessem saber qualquer coisa... Mais do que isso, as imagens os atingiram assim como a Rigel.

Eles viram como ele viu, reviveram com ele toda sua vida. Compreenderam todas as suas emoções e partilharam de todas as suas dores. Unificaram-se. Integraram-se em espírito àquela outra pessoa. Os pensamentos, as emoções, as idéias de Rigel, que foram tão fortes para eles naquela noite a ponto de se tornarem uma segunda vida, permaneciam ainda nas mentes dos dois. Permaneceriam pelo resto de suas vidas. Ao se olharem, viam um no outro a parte de Rigel que havia ficado em cada um. Estavam unidos, os três. Haviam compartilhado da intimidade da mente de outra pessoa, e em troca, emprestado a ela uma parte da sua própria intimidade. Sentiam-se como se fossem extensões um do outro.

Assim, naquela manhã, com o choque da experiência ainda fresco em suas mentes paranormais, quando um estava cansado, os três estavam. Quando um estava abatido, os três também estavam. Agiam como faces diferentes da mesma pessoa: uma pessoa feita de três outras.

O efeito colateral desta experiência era terrível.

Alphard ficou mais de uma hora acordada na cama antes de se levantar. Sentindo como se tivesse sido atropelada por um trem. Procyon, à sua frente, não estava melhor.

Deneb entrou no refeitório e sentou-se ao seu lado, com um sorriso de expectativa, e perguntou-lhes conspiratório:

— E aí, como foi?

Os olhares arrasados que eles lhe lançaram fizeram com que ele rapidamente repensasse sua pergunta.

—Não foi bom, é?

Alphard, que até aquele momento não havia dito nada e sentia como se nunca mais fosse falar nada na vida, concentrou forças, e disse:

— Nós conseguimos... Deneb.

Deneb disse após alguns segundos de espanto:

— Conseguiram? Mas então...

— Rigel se lembrou... – Procyon concluiu.

Deneb se reclinou na cadeira.

— Onde ele estava? – quis saber o garoto.

— Estava na casa do... – começou Procyon, mas logo parou. Alphard e Deneb, seguindo o seu olhar de espanto, viraram para trás. Lançaram o olhar através do refeitório, por além da parede de vidro, do jardim de entrada da Cosmos, e viram.

Pousando calmamente na entrada da Fundação, finalizando uma levitação, vinha Rigel, nitidamente cansado.

Alphard saltou da cadeira com uma força que ela não imaginava que tivesse mais. Procyon, cambaleando, veio logo atrás, amparado por Deneb.

Alphard, impelida pela preocupação dos piores dois dias da sua vida, correu sem amparo algum para fora do refeitório. Passou pelo corredor central. Abriu a porta de vidro escurecido da entrada. Correu esbaforida até olhar Rigel cara a cara, olho a olho.

Vinte metros de jardim os separavam naquele momento, mas ele estava lá. Rigel viu Alphard parada na porta, olhando-o assustada, aliviada e agradecida. Atendendo a um impulso irresistível, uma força nascida entre os seus pulmões, que gritava para sair, Alphard viu Rigel lentamente erguer os cantos da boca. Seus olhos brilharam. Seus dentes apareceram.

Sorriu.

Alphard, atraída irremediavelmente por aquele sorriso, saiu correndo escada abaixo, saltando dois degraus por vez. Apressada corria pelo pátio de entrada, passando pela fonte do jardim, os braços abertos, os olhos molhados e quase nada em sua mente a não ser um grande alívio, uma imensa alegria.

E então não havia mais vinte metros. Eles estavam abraçados, apertando-se um contra o outro com uma força imensa, sorrindo, alegres. Estavam aliviados e tranqüilos, juntos de novo.

E foi só nesse momento, nesse, e não quando ele encontrou Lúcio, não quando ele dormiu na casa de seu pai ou foi salvo por Cláudio, mas foi nesse momento, e só então, que Rigel sentiu que estava realmente em casa. Estava abraçando sua verdadeira irmã. A família que ele nunca percebeu que tinha.

Procyon, quando alcançou Alphard, abraçou Rigel também enquanto Deneb, com um leve esboço de sorriso sentava-se num dos bancos do jardim.

Alphard, arrebatada, só encontrava uma palavra para ser dita, e esta ela repetia até ficar tonta:

— Rigel, Rigel, Rigel!

Aquele momento poderia ter se estendido para sempre e aquelas três crianças ainda assim desejariam vivê-lo um pouco mais. De todas as memórias que eles tiveram juntos, mesmo quando, anos depois, a vida os lançasse em direções opostas e eles se vissem sem amizade, aquela memória ficou para sempre com eles. Seu desejo, feito em silêncio naquele instante, foi atendido. Daquele dia em diante, e para sempre, eles na verdade, sentiram como se estivessem sempre se abraçando, e como se aquele momento estivesse escrito em sua alma. Marcado em um tempo infinito e eterno. Em um lugar além do nome, naquela fonte inesgotável de inspiração. No mundo onde os sonhos são formados.

Sem a menor percepção de passagem do tempo, sem se importar com mais nada, os três foram, rápida, mas calmamente, trazidos de volta ao mundo ao seu redor. O abraço passou, assim como passou também, aquela sensação de reunião. Foi uma voz tão conhecida, e no momento tão temida, que destruiu aquele abraço antes invencível:

— Rigel – disse Vega.

Lentamente, Alphard e Procyon se separaram de Rigel, e só então ele pôde ver como seus amigos estavam abatidos. A voz de Vega era firme e sem o menor tom de repreensão, apreensão ou surpresa. Poderia facilmente tê-lo chamado para jantar em um dia qualquer usando o mesmo tom.

Vega aproximou-se de Rigel, intrometendo-se na reunião familiar dele com Alphard e Procyon como se fizesse parte. Dirigiu-lhe um olhar condescendente e paternal, enquanto Rigel o observava com impessoalidade.

— Vamos para dentro, Rigel, temos muito que conversar.

Rigel sabia como seria esta conversa. Deixou-se acompanhar por Vega, enquanto Alphard e Procyon vinham atrás, até que Vega os pedisse que esperassem no saguão da fundação, e levasse Rigel para o interior do prédio, entre as salas de aula e as salas administrativas da diretoria.

Alphard e Procyon observaram Rigel caminhando com Vega, distanciando-se deles. Antes eles perderiam um braço com menos dor do que aquela separação. Foi Procyon quem deu voz aos pensamentos de ambos:

— Nós o trouxemos de volta... Só para entregá-lo para Vega.

Continuaram olhando o corredor, agora vazio, pelo qual Rigel havia caminhado. Ponderaram seriamente o que aconteceria com ele e como poderiam ajudá-lo.

— Não sei não, Procyon – Deneb falou atrás deles, assustando ambos. — O dia não terminou ainda. Aliás... Mal começou...

Capítulo XVIII

O plano de Achernar

Rigel sentou-se em uma confortável cadeira em uma das muitas salas de reunião da Cosmos, seguido imediatamente de Vega, que trancou a porta atrás de si.

"Uma precaução ridícula", pensou, "se o garoto quiser, pode derreter a fechadura".

Ligou rapidamente para a segurança e mandou que um guarda viesse. Ligou em seguida para Rasalas, que devia estar acordando ainda, e disse apenas:

— Ras, Rigel voltou. Estou com ele na Sala Cruzeiro do Sul.

Enquanto isso, Rigel exprimia uma plácida calma: nada nervoso ou amedrontado. Voltou para a Cosmos plenamente consciente do que iria enfrentar. Estava, naquele momento, esperando com paciência pelo inevitável.

Vega sentou-se à sua frente e deu uma boa olhada nele. Trocaram, ambos, um longo e frio olhar. Quieto, mas profundamente analisador. Vega disse:

— Ah, Rigel... Por que você tinha que fugir? Por que você não veio falar conosco antes?

Rigel observou Vega por mais alguns instantes ainda, e quando percebeu que sua vida duraria mais algum tempo, resolveu dignar-se a uma resposta:

— Professor Vega, por que vocês mentiram para mim?

Pelo tom de voz era uma pergunta, mas claramente uma acusação pelas palavras. Vega abriu a boca para dizer algo a Rigel, mas naquele momento, quase esbaforido, entrou Rasalas.

Rasalas, com uma agilidade maior do que sua imagem mumifical permitia, compôs-se ao ver Rigel ali parado. Sentou-se ao lado de Vega, dizendo, cortês:

— Bem vindo de volta, filho. É um alívio vê-lo de novo.

Rigel apenas acenou com a cabeça. Nem ele, nem Vega deixaram de notar a sinceridade com que Rasalas o cumprimentou. Vega, acostumado demais com os planos de Rasalas, achou, erroneamente que ele estava sendo dissimulado. Rigel, que ainda acreditava na natureza humana, acreditou em sua sinceridade. Entristeceu-se quando ouviu Rasalas chamá-lo de "filho".

— Garoto, você causou uma grande confusão por aqui, sabia? Todo mundo ficou muito preocupado.

Rigel, notando que Vega e Rasalas esperavam dele alguma coisa, disse:

— Vocês estão enganados.

Ambos ficaram visivelmente confusos com o comentário. Rigel explicou com a maior simplicidade:

— Vocês me trouxeram aqui e querem saber por que eu fui embora. Vocês sabem por que eu fui embora. Vocês têm é que me perguntar por que eu voltei. Eu não precisava ter voltado.

Rasalas e Vega se entreolharam sérios. Vega disse:

— Pois bem, Rigel, por que é que você voltou?

— Eu voltei para que vocês não machuquem meu pai.

Vega retrucou:

— Rigel, quem pôs na sua cabeça essas idéias? Nós é que somos sua família!

— Você não é meu pai, Vega. Lúcio Costa é meu pai, você é só meu professor.

— É isso que você quer, Rigel, ir morar com um mundano? Um normal?

— Ele é meu pai! – Rigel gritou.

Vega venceu Rigel no volume, ergueu-se da cadeira. Deu um soco na mesa. Exaltou-se:

— Ele não é ninguém – foi a resposta.

— Vocês mentiram para mim!

— Nós lhe demos um dom, moleque! – berrou Vega, em níveis cada vez mais crescentes de irritação. — Você é o maior telecinético do planeta! E um clarividente e telepata também! Ninguém poderia ter lhe ensinado o que nós ensinamos! Aquele homenzinho que você chama de pai o teria levado para uma vida normal, e hoje você não seria nada! Nada! Nós o trouxemos para sua verdadeira casa! Nós lhe demos tudo, Rigel! Tudo!

Rigel tremeu. Sentiu o nó na garganta e o estômago afundar em um abismo. Controlou-se como pôde, mas lembrava de tudo naquele momento. Aceitou a investida de Vega e assumiu o peso que ele lhe jogou como se fosse seu. Arrependeu-se do que fez, mesmo sabendo que faria de novo. Foi esmagado entre a culpa e o desejo de liberdade. Em um flash, lembrou-se novamente de Lesath e Astérope. Controlou-se como pôde, mas sentia o controle ruir a cada instante. Para escapar da cena, com a voz traidora de emoção, respondeu:

— Vocês nunca me perguntaram se eu queria ser tudo isso! Vocês nunca me disseram que meu pai estava vivo!

— É isso que você quer, Rigel, viver com Lúcio Costa? – perguntou Rasalas. Sua voz foi tão calma, tão controlada, e tão triste, que ambos, Rigel e Vega, sentiram imediatamente a raiva esvaindo, como se Rasalas a tivesse tomado para si, e a transformado em pena.

Rigel, controlando sua voz para não tremer, disse:

— É sim.

Rasalas baixou a cabeça e apoiou-a com uma mão, fechando os olhos e apertando-os com força. Pareceu ficar nesta posição por um bom tempo. Quando a quebrou, e olhou fixamente para Rigel, perguntou impassível:

— Foi por isso que você matou Lesath e Astérope?

Rigel tremeu visivelmente, começou a falar algo, mas teve de parar no meio. Começou de novo, e disse algo incompreensível. Viu sua visão turvar-se, mareada. Colocou a mão no rosto e começou a falar. Repetir, sem parar, uma frase que somente depois de um tempo pôde ser entendida:

— Eu não sabia! Eu não lembrava de nada! Eu não sabia! Eu não sabia! Eu não sabia!!!

Rigel ergueu-se, olhando fixamente para Vega e Rasalas. Toda a tentativa de autocontrole jogada ao vento. As luzes fluorescentes da sala piscaram quando ele berrou:

— Eu não lembrava de nada! Eu não sabia! Eu não sabiaaa!!!

Tanto quanto Vega havia sido movido pela raiva há poucos segundos, ergueu-se. Incapaz de ver Rigel naquele estado, tomou-o em seus braços e deixou que ele o esmurrasse e chutasse enquanto o abraçava. Aos gritos descontrolados de Rigel, juntaram-se logo os pedidos de Vega:

— Calma! Calma! Está tudo bem... Está tudo bem, Rigel! Nós sabemos... Nós sabemos...

Vega soube naquele momento que não poderia mais ficar irritado com Rigel. Ele realmente gostava do garoto.

Rigel, a certa altura, deixou de esmurrar Vega. Seus gritos tomaram outra forma. Enquanto ele chorava abraçando seu professor, gritava naquele instante como Astérope gritou na sua frente. Como Lesath gritou com ele. Como ele mesmo gritou, em silêncio naqueles momentos, implorando em vão a si mesmo para que os deixasse viver.

Vega e Rasalas ficaram com Rigel até que ele se acalmasse e enxugasse as lágrimas. Encontrasse novamente o seu autocontrole. Duas lâmpadas haviam queimado e outras três estavam piscando quando Rigel voltou, mais uma vez, a sentar-se na sua cadeira.

Rasalas, mais para si mesmo do que qualquer outra pessoa, questionou:

— O que nós vamos fazer com você, Rigel?

— Eu sei o que vocês vão fazer comigo – respondeu ele. A atenção de Vega e Rasalas foi imediatamente atraída para o garoto. Ele era afinal, um bom clarividente. Poderia facilmente ter visto isso no futuro:

— Vocês vão me matar – disse ele, da mesma forma que diria que Vega e Rasalas o iriam levar para ver um filme.

Rasalas, que havia ficado francamente assustado, disse retoricamente:

— Como é?

— Vocês não têm opção. Mas tudo bem, eu não me importo. Meu pai vai ficar bem. E eu não poderia ir morar com ele mesmo. E também não poderia mais voltar para cá... Depois que eu...

E olhou para baixo, e não disse mais nada.

Rasalas ergueu-se visivelmente transtornado. Não queria ver a lógica do que Rigel disse, mas reconhecia que naquele momento aquela era uma solução viável. Falou:

— Vamos ver, Rigel. Talvez você esteja enganado. Talvez a gente goste demais de você para isso. Eu tenho que ir.

Saiu da sala, deixando para Vega a tarefa de acalmar o garoto e deixá-lo à vontade. Enquanto caminhava de volta para seu escritório, não conseguia mais fugir àquela pergunta:

"O que é que nós vamos fazer com Rigel?".

E quando saiu da sala, ordenou que o segurança que ali estava ficasse de prontidão, e não deixasse Rigel sair... Só por precaução.

Poucos minutos depois de Rasalas entrar em seu escritório e começar a redigir uma série de e-mails às diversas pessoas interessadas em serem informadas sobre a volta de Rigel, foi avisado por sua secretária que tinha uma visita:

— Senhor Rasalas, o senhor Achernar está aqui para vê-lo.

"Achernar?", pensou Rasalas. Bem, afinal, era domingo e fazia um tempo que Achernar não lhe visitava, mas o momento não poderia ser menos oportuno.

Ainda assim, sempre cortês, Rasalas não podia simplesmente enviar Achernar de volta sem antes trocar duas ou três palavras com ele. Afinal, ele chegou a ser por um tempo um dos diretores da Cosmos, e Rasalas contava-o entre seus amigos.

Assim, Rasalas pediu que ele entrasse e recebeu-o na porta do seu escritório.

— Achernar – disse, oferecendo-lhe um forte aperto de mão.

Cláudio, quase sorrindo, mas falhando por pouco, respondeu:

— Ivan, há quanto tempo.

Cláudio entrou no escritório de Rasalas e serviu-se generosamente de um uísque à mostra no bar. Rasalas começou:

— Achernar. É sempre um prazer. Infelizmente, meu velho amigo, estamos com um pequeno problema administrativo hoje, e acho que não vou ser um bom anfitrião.

— O que houve? – perguntou Cláudio, completamente dissimulado.

— Sabe Rigel?

Cláudio assentiu. E enquanto concentrava uma parte da sua atenção em parecer genuinamente consternado, usava o resto para ponderar se ele havia chegado antes de Rigel na Cosmos, ou se ele não tinha vindo para cá, como pensava. Logo teve sua resposta:

— Ele acabou de voltar.

Cláudio rezou sinceramente para que Rasalas não percebesse o alívio que sentiu com essa notícia. Pensando em alguma coisa para dizer, comentou:

— Nossa... Meu Deus... Que coisa... Ele deve estar muito confuso...

Rasalas assentiu com a cabeça

— Sim, está sim, Achernar. Ele vai precisar de um acompanhamento muito próximo por enquanto. Nestes dois dias em que ele esteve fora, aconteceram outras tragédias. Lesath e Astérope, por exemplo... Rigel estava...

O telefone celular de Rasalas tocou. Contrariado, ele pegou o aparelho e viu quem era. Com um olhar de desculpas, interrompeu a conversa:

— Só um minuto, Achernar, eu preciso atender esta ligação.

Rasalas levou o aparelho ao ouvido, e Cláudio ouviu-o dizer:

— Rasalas... Sim... O que? Quando? Sei... E onde ele está? Não, eu estou aqui com Achernar. Não... eu estou indo. Mantenha-o aí mesmo.

Fechou o aparelho e, virando-se para Cláudio, disse:

— Achernar, eu preciso sair para cuidar de um assunto urgente e já volto. Por favor, fique à vontade.

E saiu. Cláudio mal pode conter seu sorriso triunfal quando Rasalas o deixou a sós em seu escritório.

Lúcio havia entrado na Fundação Cosmos no porta-malas do carro de Cláudio, vestindo um uniforme usado pelo pessoal da limpeza. Na Cosmos, todos os funcionários moravam dentro da fundação, e se ele tentasse conversar com alguém, certamente reconheceriam que ele não pertencia ao lugar. O disfarce, porém, era mais que suficiente para permitir que ele se movesse livremente, desde que discretamente, pelas dependências.

Havia sido orientado por Isabela sobre como se portar dentro da fundação: como falar e andar, para quem olhar e não olhar. Sentia-se, por puro desconhecimento das capacidades dos alunos, confiante.

Pôs-se a andar calmamente pelos corredores observando o vai-e-vem de uma série de pessoas e logo se espantou com o tamanho da operação. Era difícil crer que todas aquelas pessoas soubessem da existência da Cosmos e, ainda assim, ela tenha se mantido secreta até hoje.

Lúcio achava que encontraria algo como uma escola primária de luxo. O que ele estava vendo era mais um grande SPA. Havia salas de aula, claro, mas eram bem poucas em comparação com as quadras poliesportivas, piscinas, pistas de atletismo, salões de jogos e estar. Contava ainda um imenso refeitório, vastos bosques com inúmeras praças e lagos artificiais, e uma grande seção de chalés, construída na encosta de um morro.

"Esses caras sabem viver... E sabem também esconder grandes movimentações financeiras".

Chegou, afinal, aonde queria. Um enorme salão com o chão em diversos níveis, repleto de sofás e puffs. Havia muitos televisores de alta definição nas paredes e dezenas de crianças com idades variando de cinco a quatorze, aparentemente, brincando e se divertindo.

Logo ao entrar, porém, notou uma coisa que Cláudio lhe havia dito.

Devia haver mais que vinte crianças ali. Muitas outras, ele foi informado, deveriam estar passeando pelos bosques ou se divertindo no campo. Não havia nenhum adulto tomando conta. A sala não estava de pernas para o ar. As diversões delas eram de um silêncio enervante. Uma sala que deveria ser, ao que tudo indicava, a mais barulhenta da Fundação, fazia Lúcio sentir como se estivesse entrando em uma biblioteca.

Percebeu, então, que havia um garoto pequeno observando-o atentamente. "Será que ele está lendo a minha mente", pensou, e naquele momento o garoto pendeu a cabeça para o lado, como se o estudasse melhor.

"Ele está lendo a minha mente!", percebeu horrorizado, e viu o garoto sorrir levemente. Espantado, aproximou-se disse:

— Oi garoto.

Ele apenas continuou a observá-lo.

— Qual o seu nome?

— Kaitos – ele respondeu.

— Kaitos, você sabe quem eu sou?

Ele assentiu com a cabeça.

— E quem eu sou?

O menino respondeu prontamente, como se fosse uma lição de casa decorada:

— Você é Lúcio Costa, o pai de Rigel.

Lúcio ficou francamente assustado. Kaitos falou:

— Não precisa se assustar! Eu não vou fazer nada com você!

Mas nisso, havia outras crianças chegando perto. E uma em especial, uma menina de uns dez anos, loira com cabelos cacheados, aproximou-se dele:

— Você é o pai de Rigel? O pai de verdade?

Rodeado de crianças telepáticas que sussurravam entre si, alvo de inúmeras leituras mentais, Lúcio sentiu-se como um animal no zoológico. Para escapar da incrível sensação de impotência, resolveu responder a pergunta como se nada anormal estivesse acontecendo:

— Sim, eu sou.

Lúcio nunca poderia imaginar o efeito que isso causaria. Imediatamente, todo o barulho que ele achava que deveria existir na sala irrompeu ao seu redor enquanto aquelas crianças chegavam cada vez mais perto dele, bombardeando-o de perguntas:

— Onde ele está?

— Onde você mora?

— Ele está bem?

— Como é a sua casa?

— É verdade que todo mundo tem um pai também?

— Cadê a mãe do Rigel?

— E o meu pai, cadê?

E assim por diante. Lúcio, que já estava ligeiramente apavorado, controlou-se para não sair correndo quando ouviu, erguendo-se sob aquela balbúrdia toda, uma voz:

— Silêncio! Deixem-no falar!

Era Kaitos. O menino estava na sua frente o tempo todo, e não havia movido a boca para falar.

Fez-se silêncio na sala, e Lúcio, tentando imaginar que era tudo normal, repetia para si mesmo: "Calma, são só crianças". Começou a falar assim que pôde.

— Crianças! Rigel fugiu aqui da Cosmos, porque descobriu que eu estava vivo. Ele descobriu que todos vocês têm pais vivos e não foram adotados. Os seus professores mentiram para vocês este tempo todo. Eu vim aqui para lhes dizer isso. Vocês todos tem uma família!

Silêncio. Nitidamente confusas, as crianças voltaram a sussurrar umas com as outras Depois, uma a uma, as perguntas voltaram:

— Mas a minha família está aqui! – disse uma.

— Se os professores mentiram, por que a gente nunca descobriu? – disse um garoto de uns doze anos de idade.

Diogo de Souza Feijó

— Meu pai sabe que eu sou uma Gama-quatro? – perguntou uma menina de uns catorze anos de idade.

— Nossos pais são pessoas normais, não é? – questionou um de oito anos de idade, desapontado.

Lúcio começou a ficar seriamente preocupado. Em sua cabeça, ele iria chegar, contar a verdade, e liderar um motim de crianças paranormais para fora do lugar. Porém, elas não só pareciam não ter entendido o que ele tinha contado, mas as que entenderam, não gostaram da idéia!

Tentou, então, ser mais claro.

— Crianças, ouçam! Seus pais estão vivos! Todos vocês, em algum lugar, têm um pai e uma mãe que acham que vocês morreram. Vocês foram enganados este tempo todo! Seus professores raptaram vocês. Tiraram vocês das suas famílias quando vocês eram bem pequenos.

Lúcio ainda tinha muitas outras coisas para dizer que deixariam a situação mais esclarecida, mas naquele momento, a porta do salão abriu. Um homem com estatura mediana, de uns trinta anos, cabelos longos e castanhos, trajando uma roupa social-esporte entrou na sala e gritou espantado:

— Quem diabos é você?

Todos, surpreendidos, olharam para o recém-chegado. As crianças o reconheceram imediatamente como Antares, o professor de Matemática, Física e instrutor de telecinese.

Lúcio, percebendo imediatamente que estava perdido e seu brilhante plano havia ido por água abaixo, saiu correndo do salão. Antares não perdeu tempo e foi logo atrás, gritando:

— Segurança!

Lúcio saiu correndo por um dos corredores da Cosmos, seguido pelos gritos de Antares. À sua frente, viu duas outras pessoas convergindo. Virou-se para o lado e viu uma janela aberta. Sem pensar duas vezes, saltou.

Caiu por um andar em cima de um arbusto ornamental. Enquanto estava se recuperando, com dores por todo o corpo, pensando se havia quebrado uma costela, viu seus perseguidores descendo um lance de escadas externas ao prédio, indo em sua direção. Saiu correndo, mancando, em direção à garagem.

Era uma tentativa perdida. Enquanto corria, via seguranças aproximando-se dele com armas apontadas. Seus três perseguidores vinham logo atrás.

No andar de onde havia pulado, as janelas estavam abarrotadas dos rostos das crianças, que se amontoavam para ver o que estava acontecendo. Três seguranças à frente com armas em punho. Três professores atrás, um deles também armado. Lúcio sabia reconhecer quando estava perdido. Nem se preocupou em sacar sua própria arma.

Caiu, derrotado, na grama bem cortada do pátio enquanto era imobilizado pelos seguranças. Em nenhum momento, quando estava sendo preso ou levado para o interrogatório, Lúcio chegou a pensar que a sua falha em convencer as crianças, sua fuga e captura, tudo isso fazia parte do plano de Cláudio. Acreditou realmente que havia falhado, e em meio a tantas possibilidades destruídas, pensou em seu filho, e no que seria de Alan quando estas pessoas tivessem terminado com ele.

Antares, atrás Lúcio, pegava o telefone:

— Rasalas, é Antares... Nós temos um prisioneiro... Agora mesmo... Ele invadiu a fundação e estava conversando com as crianças... Ele está no pátio, vamos levá-lo para uma das salas. Você está com Vega? Quer que cuidemos dele nós mesmos? Tudo bem.

Terminou a ligação e disse aos guardas:

— Levem-no para a Sala Sagitário. Kaus. Polaris. Acho melhor vocês irem falar com as crianças. Eu não sei quem esse cara é, mas estava contando coisas bastante interessantes para elas...

Lúcio, frustrado, se perguntou se o dia não podia ficar pior...

Capítulo XIX

A corrida de Rigel

Quando Rasalas saiu de seu escritório, deixando Cláudio a sós, este não perdeu muito do seu tempo congratulando-se ou deliciando-se com mais uma vitória manipulada. Dirigiu-se imediatamente ao computador de Rasalas e abriu sua tela.

Como era de se esperar, o acesso ao computador estava bloqueado com o uso de uma senha, mas Cláudio, que havia se preparado para esse momento por mais de quinze anos. Sabia não somente a senha atual do micro, mas também todas as senhas utilizadas por Rasalas nos últimos dois anos.

Digitou a senha, ganhando acesso total ao micro de Rasalas e todas as suas informações. Retirou de um dos bolsos de seu paletó um CD e o depositou no leitor.

Hesitou por dois segundos em fechar a porta do leitor de CD. Assim que o fizesse, não haveria mais volta. Todas as informações sensíveis do sistema seriam apagadas. Uma cópia dos principais dados seria enviada ao seu computador, em sua casa, e nada sobraria deste micro e dos servidores da Cosmos.

Mas fechou a porta da leitora, e quando o computador começou a fazer o seu barulho característico de apagar a memória, Cláudio reclinou-se na cadeira e deixou-se expirar uma respiração presa por mais de vinte anos.

"Está feito! Se Rasalas me pegar agora, se eu, Lúcio e Rigel morrermos, não importa mais. A Cosmos acabou aqui". Os seus principais dados estavam sendo destruídos. Os mais importantes estavam, antes, sendo enviados para uma localização segura. A estas alturas, Sirius as deveria estar recebendo. "Sim, se nós três morrermos, Sirius levará o plano adiante."

"Está feito!"

Agora só restava a segunda parte do plano. E em todos os planos, esta segunda parte era sempre a mais difícil: sair com vida.

Rasalas chegou apressado à Sala Sagitário, aonde Lúcio havia sido recém-levado. Apontou imediatamente para os dois seguranças que o haviam algemado e falou:

— Marcos. Luiz. Fiquem de guarda e não o deixem sair daqui.

Lúcio, que a essas alturas estava preso a uma cadeira fixa ao chão, observou os dois seguranças saindo enquanto ponderava como diabos ele poderia sair daquela situação.

Rasalas virou-se para Antares e ordenou:

— Antares, vá chamar Vega. Agora.

Antares apenas fez uma leve mesura e saiu apressado. Ficaram na sala, então, apenas Rasalas e Lúcio.

A Sala Sagitário era, sob condições normais, bastante confortável. Uma grande mesa de mármore ao centro, cadeiras reclináveis confortáveis, fixas ao chão, iluminação indireta e uma grande lousa branca com projetor preso no teto. Deveria ser, normalmente, um local onde reuniões ou palestras eram dadas. Lúcio percebeu, por ter sido levado para aquela sala em especial, que a Cosmos não deveria ter um local específico para conduzir interrogatórios ou manter uma pessoa cativa.

"Prisioneiros devem ser uma raridade para eles", pensou.

Rasalas sentou-se à sua frente e disse:

— Lúcio Costa.

Lúcio apenas olhava para Rasalas, sem expressão alguma. Um ex-investigador da polícia teria de ser coagido de formas bem mais eficazes antes de falar alguma coisa.

— Como você entrou aqui?

Lúcio não respondeu.

— Como você descobriu nossa localização?

Silêncio.

— Quanto Rigel se lembra?

— O nome dele é Alan – Lúcio respondeu calmamente. Rasalas ergueu uma sobrancelha, e depois sorriu.

— Alan Costa é um menino normal que morreu aos três anos. Ele teve um atestado de óbito, um funeral, e até foi listado nos jornais. Rigel, em contrapartida, é o telecinético mais poderoso do mundo. Um filho da Fundação. Um dos nossos prodígios. Como todas as crianças da Cosmos, ele foi adotado ao nascer. Ele é um órfão.

Lúcio não disse nada. "Se for assim que eles interrogam as pessoas, eu poderia lhes ensinar alguma coisa".

— Nós vamos saber tudo o que você esconde, senhor Lúcio. Nós vamos ler tudo o que aconteceu, quer você queira dizer ou não. Você não sabe com quem se meteu. Vai morrer sem saber. Você não é nada para nós. Só o que nos importa, é como você entrou aqui e quanto Rigel já se lembrou.

Antares voltou para a sala trazendo uma outra pessoa. Um homem bem mais velho, aparentemente nos seus quarenta e tantos anos. Cabelos negros curtos e uma cara retangular que parecia ter sido esculpida em mármore. Vestia uma roupa informal esporte. Contrário a Rasalas e Antares, que o tempo todo pareciam estar completamente desapegados da cena, tinha um certo fogo apaixonado no olhar, um misto de poder e loucura muito bem controlados.

Lúcio reconheceu-o imediatamente. Era o homem que testemunhou no julgamento e incriminou o motorista que havia matado sua esposa. O mesmo que havia influenciado telepaticamente aquele motorista para cometer o crime. Mais um dos agentes da Cosmos. Cláudio havia dito, Vega era seu nome.

Vega parou um instante e contemplou Lúcio, na porta, antes de sentar-se ao seu lado com Antares.

Rasalas ergueu-se.

— Descubram o que ele sabe. Como entrou aqui, como encontrou Rigel, quanto Rigel se lembra, tudo relacionado aos dois últimos dias.

Antares perguntou a Rasalas:

— Você quer que ele se lembre?

Rasalas, já na porta, mal virou o rosto ao responder:

— Não faz a menor diferença.

E saiu.

Rasalas pensava em como melhor dispensar Cláudio enquanto voltava para seu escritório. Passava pelos amplos corredores da Cosmos, repletos de paredes de vidro com vistas panorâmicas. Tomava seu tempo para subir as escadas. Já estava tenso pelos acontecimentos do dia, com a cabeça fervilhando de possibilidades e desdobramentos que poderiam advir dos seus atos naqueles últimos minutos. Quando estava no último lance de escadas que lhe levaria ao sexto andar, juntou os fatos.

"Como é que Lúcio entrou na Cosmos?"

"Ele deveria ter sido anunciado pela portaria. Rigel, esse é fácil de entender: ele flutuou por cima da cerca, exatamente como fez para fugir. Mas e Lúcio, um mundano, um normal? Só se ele tivesse a ajuda de alguém!"

Mas era de manhã cedo. A maioria dos agentes ainda estava dormindo, e nenhuma criança teria capacidade de levitá-lo pela cerca. Rigel poderia, mas se o tivesse feito, certamente estaria com ele quando foi encontrado.

A única pessoa que havia entrado na fundação naquele dia tinha sido Cláudio – Achernar.

Achernar, que nos últimos anos tinha se tornado um grande amigo de Rigel. Achernar, que, mesmo não estando mais na ativa, fazia questão de se manter a par do andamento das missões e fazia visitas periódicas à fundação.

Achernar, que, em diversas ocasiões no passado, havia sido categórico ao falar que não concordava com a política atual de recrutamento de novos alunos.

Quão fácil seria para Achernar trazer Lúcio para dentro e depois soltá-lo no meio da fundação...

Mas não fazia sentido. Se Achernar havia trazido Lúcio para a Cosmos, certamente poderia tê-lo instruído melhor, dado-lhe maiores recursos para não ser capturado. Por que Achernar trouxe Lúcio para dentro da Fundação, só para deixá-lo ser capturado?

E então percebeu.

"Meu Deus! Eu o deixei sozinho no meu escritório!"

Rasalas correu feito um louco pelos corredores do sexto andar, revigorado pelo ultraje, pelo medo, pelo gosto amargo de ter sido passado para trás, por ter sido enganado por tanto tempo por quem considerava um grande amigo. Passou rapidamente no seu quarto, onde pegou um revólver calibre 22, e novamente saiu pelos corredores. Passou pelas salas de reunião, sala de meditação, jardim interno e o saguão dos elevadores, e abriu violentamente a porta dupla do seu escritório.

Depois que Vega saiu correndo da sala, Rigel ainda demorou uns dois minutos para decidir que tinha que sair dali. No final das contas, talvez sua morte não fosse tão certa assim.

Supôs, então, que Vega tinha sido chamado por Antares porque seu pai e Cláudio já estavam na Cosmos e algo tinha dado errado.

Passou um tempo relaxando a mente e entrando no estado de abstração necessário para ter uma visão clarividente, percebeu, com isso, o quanto estava nervoso e agitado.

"Pelo menos o nervosismo ajuda na telecinese".

Relaxou mais um pouco, até sentir-se imensamente pesado; e mais um pouco, até seu corpo ser uma memória; e ainda um pouco além, quando, na beira dos sonhos, as imagens começavam a se formar.

Concentrou-se no seu pai, quem, a estas alturas, ele já conhecia bem. Viu-o imediatamente em uma sala muito parecida com a sua, preso, com dois homens à frente concentrados nele. Rigel sentia o medo de Lúcio palpável, esmagando seu pulmão. Transpirou e horrorizou-se pelo seu pai, percebendo, naquele momento, que Lúcio estava muito tonto.

"Eles o estão hipnotizando. Eles vão fazer uma telepatia hipnótica, um dos jeitos mais eficazes de acessar a memória inconsciente das pessoas", Rigel concentrou-se em Cláudio, e viu-o naquele momento, no escritório de Rasalas. De pé, por detrás da mesa de Rasalas. O próprio Rasalas estava à sua frente com uma arma apontada para ele.

Mais alguns segundos de observação, e Rigel sentiu que aquela imagem ainda não era real. Ele estava vendo o futuro próximo. Mas era tão próximo, que ele não teria como evitar.

"Não dá mesmo para eu ficar nesta sala por muito mais tempo", decidiu-se.

Levantando-se da cadeira, abriu a porta. O segurança que estava de guarda virou-se imediatamente para ele.

Chamava-se Carlos Franco. Rigel o conhecia. Pensou em vários jeitos de se livrar dele. Jeitos violentos. Jeitos mortais. Mas a memória e a angústia residual de Astérope voltaram à sua mente. A dor compartilhada daquela perda quase apertou seu coração. Decidiu naquele momento, que aquilo ele não faria nunca mais.

Carlos disse:

— Desculpe, Rigel, mas eu não posso deixar você sair ainda.

Rigel observou Carlos por um momento. "Eu tenho que sair. Tenho que tirá-lo da minha frente, e não posso fazer barulho".

Ponderou como poderia fazê-lo. Se fosse um telepata melhor, poderia facilmente colocá-lo para dormir, mas as suas capacidades telepáticas eram, na melhor das hipóteses, pequenas, e bem insuficientes para uma indução destas.

Carlos colocou uma das mãos no ombro de Rigel e, delicadamente, começou a dizer:

— Rigel...

Mas Rigel cortou-o:

— Carlos... Me desculpe. Me desculpe mesmo.

Carlos, neste momento, percebendo que o garoto ia fazer algo com ele, levou sua mão à arma de eletrochoque que tinha no bolso. O movimento, porém, nunca foi terminado. Naquele instante, foi tomado de uma imensa dor na garganta. Sentiu como se estivesse sendo estrangulado por dentro. Gritou com toda a força dos seus pulmões, mas o ar recusou-se a sair pela garganta contraída. Cambaleou para dentro da sala enquanto Rigel, com o olhar fixo nele, deu-lhe espaço para tropeçar e cair estrebuchando no chão.

Carlos debateu-se por um minuto mais. Tentou sacar sua arma e atacar Rigel, mas este simplesmente deu dois passos para trás e continuou a estrangulá-lo à distância. Carlos ergueu-se, já com a visão turva. Tentou dar outro passo e caiu de novo. Retorceu-se novamente, e perdeu a consciência.

Rigel apoiou-se na parede enquanto se recompunha do esforço, limpando o suor do rosto. Fechou a porta da sala, deixando Carlos inconsciente lá dentro, e partiu pela Cosmos em direção à sala onde Lúcio era interrogado.

— Rigel.

Rigel ouviu o chamado à distância enquanto passava pelo saguão principal da fundação. Sem parar de andar, virou-se para ver quem era.

Era Isabela – Alhena como ela era conhecida na Cosmos. Decidiu-se por parar e conversar.

Rigel disse rapidamente:

— Alhena, Rasalas está com Achernar no seu escritório, ele tem uma arma apontando para ele!

Isabela falou alarmada:

— Vamos, Rigel!

Mas Rigel, que não havia começado a correr com ela, explicou sua urgência:

— Vai você. Eu tenho que pegar meu pai.

Isabela, observando Rigel por um breve instante, assentiu com a cabeça e retomou sua corrida em direção ao escritório de Rasalas.

Cem metros adiante, quando passava pelo pequeno jardim entre as piscinas, o campo de equitação, o prédio principal e o prédio-escola, Rigel escutou outra voz o chamando, bem mais conhecida. Virou-se e viu Alphard, Procyon e Deneb correndo em sua direção vindos de uma das muitas praças nos bosques próximos.

Alphard disse:

— Rigel, não vá!

Rigel, que entendeu que Alphard sabia o que ele pretendia.

— Eu tenho que ir, Al, é meu pai!

— Rigel – Procyon falou –, se você for salvar seu pai, mais gente vai morrer. Nós vimos!

Rigel alternou o olhar rapidamente entre Alphard, Procyon e Deneb, e respondeu:

— O que eles fazem é errado! Eu tenho que ir!

— Então a gente vai com você, tampinha – disse Deneb.

— Não, Deneb. Chamem os outros! Chamem todo mundo!

— Alphard e Deneb vão, Rigel, mas eu irei com você – afirmou Procyon.

Rigel tentou começar a responder, mas antes que o primeiro argumento se formasse, Procyon retrucou:

— Eu sou o melhor telepata entre nós. Você vai precisar de mim.

Rigel observou-o quieto por um instante. Deneb disse:

— Ele tem razão.

Rigel, vencido e agradecido, aceitou:

— Tá bom, vem comigo. Mas vocês dois chamem os outros.

E se separaram, correndo cada par para um lado.

Capítulo XX

Luta com Rasalas

Cláudio deu um salto na cadeira quando Rasalas abriu subitamente a porta de seu escritório, apontando uma arma em sua direção.

"Rasalas demorou muito menos do que eu imaginei para voltar". Olhando com o canto do olho para a barra de progresso exibida no monitor, percebeu que mesmo este erro de calculo não iria impedi-lo. Em segundos, os servidores da Cosmos seriam apagados e todas as informações sensíveis seriam guardadas em um computador remoto. A única coisa que ficava a ser resolvida era se ele conseguiria sair dali com vida. Naquele momento exato, especialmente por causa do olhar de puro ódio de Rasalas, Cláudio considerou que esta era uma possibilidade distante.

Rasalas, com a arma na mão, estava atento a Cláudio. Ignorando o que ele havia acabado de fazer com o seu micro, ergueu um sorriso e ordenou:

— Saia de trás desta mesa, Achernar.

Cláudio moveu-se para o lado, erguendo as mãos bem devagar.

— Eu deveria ter imaginado que você estava por trás de tudo, Achernar. Você, que sempre foi tão aberto na sua oposição aos nossos meios...

— Eu nunca lhe enganei neste sentido, Ivan. Eu sempre deixei bem claro que acredito que o que você faz seja um erro.

— Um erro, Achernar? Um erro? Não fui eu quem causou a morte de Lesath e Astérope. Não fui eu quem induziu um dos nossos melhores alunos a desconfiar de sua própria família! Não fui eu quem colocou a Fundação de pernas para o ar e criei uma situação que só por milagre não nos expôs!

— Ivan, é muito mais perigoso para a Fundação ficar raptando crianças a torto e a direito! As chances de a Cosmos ser descoberta são muito maiores assim!

Rasalas soltou um som ininteligível, mas claramente desdenhoso:

— E você preferia, então, que elas crescessem entre os normais? Aprendendo a fazer pouco caso e rir dos próprios poderes que as colocariam acima da humanidade!

— Eu preferia, Ivan, que elas tivessem escolha quanto ao fato de desenvolverem ou não a sua paranormalidade.

— Sim... Mas aí seria tarde demais, não? A maior chance delas se desenvolverem já teria passado e nunca mais seriam tão fortes quanto poderiam se treinassem desde cedo!

— Pelo menos, Ivan, a Fundação estaria segura.

A voz de Rasalas tornou-se subitamente sombria quando ele disse:

— Não importa. Essa é uma discussão puramente acadêmica. Eu estou com a arma aqui, e você nunca mais vai ter a chance de corromper outro dos meus alunos!

Cláudio percebeu que Rasalas ia atirar naquele instante. Tentou jogar com a última carta que tinha na mão.

— Nem você, Ivan, vai ter essa chance.

Seu truque deu certo. Rasalas, surpreendido pelas implicações daquela frase, perdeu vergonhosamente a luta contra sua própria curiosidade e adiou a execução de Cláudio. A manobra, porém, era um paliativo. Cláudio bem o sabia. Quando ele tivesse terminado de dizer o que tinha feito, Rasalas não hesitaria mais nem um segundo em matá-lo.

Ainda assim, como todas as jogadas estratégicas que, uma vez iniciadas, devem ser completadas, Cláudio foi em frente, e disse, o mais pausadamente que pôde:

— Enquanto você saia da sala para interrogar Lúcio, enquanto você ficava pensando em como é que ele conseguiu entrar na fundação, eu entrei no seu computador e apaguei todos os arquivos da base de dados dos servidores Ivan.

Rasalas arregalou os olhos, francamente surpreso. Ergueu a arma diretamente nos olhos de Cláudio e perguntou irado:

— Como? Como você descobriu minha senha?

— Eu desenvolvi um pequeno sistema que eu mesmo instalei na rede. Ele capturou todas as senhas utilizadas nos últimos três anos.

— Três anos?

Rasalas poucas vezes na vida tinha se sentido tão descontrolado. Não percebeu o jogo de Cláudio para ganhar tempo. Cedeu à tentação de sair por cima da situação e humilhar aquela pessoa que lhe fez de trouxa por três anos.

— E o que você espera conseguir com isso, Cláudio? A Cosmos é muito mais do que computadores e servidores. Nós vamos reconstruir a nossa base de dados, vamos reconstruir nossos sistemas, vamos até reconstruir Rigel, e tudo isso que você fez... Foi por quê? Para quê? Para nada! Nada!

Cláudio, que estava impassível, revelou:

— Você se engana de novo, Ivan. Neste exato momento, Sirius está recebendo estas informações em um lugar seguro. Se a Cosmos não mudar seus métodos a partir de hoje, todos os arquivos, fichas, relatórios de missão, enfim, todas as provas capazes de incriminar esta Fundação vão inundar a Internet, os jornais e as revistas. E aí então veremos se não foi por nada que eu fiz isso.

Rasalas fuzilou Cláudio com a expressão de mais pura raiva que ele já o viu fazer. Cláudio percebeu que não haveria mais palavras. Rasalas estava apenas observando-o atentamente. Queria gravar na memória a sua face no momento em que morreu.

— Pare Ivan! – gritou Isabela na porta do escritório.

Rasalas, virou rápido para Isabela, completamente distraído pela sua aparição súbita. Imediatamente foi atirado ao chão quando, um segundo depois, Cláudio jogava-se sobre ele com um soco no queixo. A arma, voando da sua mão, caiu no chão do escritório enquanto ele e Cláudio rolavam para o lado e erguiam-se novamente.

Isabela, que havia ficado às costas de Rasalas, correu em direção à arma. Rasalas deu um passo para trás e, virando o corpo sobre a perna esquerda, deu-lhe um chute no estômago que a fez voar pelo escritório, caindo com metade do corpo para fora da porta.

Cláudio avançou imediatamente sobre Rasalas quando este girou o corpo, mas Rasalas aparou seu primeiro, segundo e terceiro socos enquanto agarrava, por fim, seu braço direito, jogando Cláudio em direção à parede e vindo logo atrás.

Cláudio, que ficou a um metro do chão quando Rasalas o arremessou, contorceu o corpo em pleno ar, atingiu a parede como se tivesse caído na horizontal, de frente para Rasalas, e deu um salto por cima dele. Rasalas, que corria em sua direção, na mesma hora se agachou. Enquanto Cláudio passava por cima dele e caia às suas costas, girou a perna rente ao chão no momento em que Cláudio aterrissava de seu salto, fazendo-o tombar e cair de costas.

Rasalas apoiou as mãos no chão, no preciso lugar onde sua arma havia caído, enquanto, jogando as pernas para trás, levantava-se em um pequeno salto mortal, segurando o revólver. Cláudio, já estava novamente de pé tendo se erguido em uma cama-de-gato. Deu um passo em direção a Rasalas e chutou sua mão para o lado.

Que era exatamente o que Rasalas queria. O estrondo da arma preencheu os corredores da Fundação, seguido imediatamente pelo grito de Isabela. Cláudio percebeu que Rasalas havia atirado na sua filha, perdeu a compostura e foi imediatamente em sua direção. Rasalas correu para a sacada, e, apoiando uma das mãos no parapeito, saltou do sexto andar do prédio.

O tiro acertou Isabela na barriga.

Isabela cambaleou um passo para trás, mais por susto do que pelo impacto bem pequeno do tiro, e não chegou a cair no chão antes que seu pai a segurasse. Naquele instante, o seu treinamento entrava em ação. Se concentrava em ignorar a dor do tiro, apoiada por seu pai. Pousou-lhe a mão no ombro e disse:

— Pai, não perca tempo comigo. Eu vou ficar bem. Vá atrás de Ivan.

Cláudio, por sua vez, passando os olhos por Isabela, ponderou rapidamente a situação. A Fundação dispunha de hospital próprio. Concedeu razão à filha. Com um simples olhar de compreensão mútua, pousou-a no chão lentamente e correu para a sacada do escritório.

Apenas teve tempo de ver Rasalas, que havia se atirado do sexto andar e caído no chão, rolar uma cambalhota, e sair correndo em direção às garagens.

Cláudio, depois de uma última olhada para sua filha, retribuída com um leve assentir de cabeça, saltou com vigor da sacada. Contorcendo o corpo em pleno ar, jogou com seu ponto de equilíbrio, reforçando os ossos e músculos nos locais corretos enquanto, vertiginosamente, passava pelos andares do prédio. Contraiu-se numa bola, esticou-se no primeiro andar, e quando chegou ao chão, também ele rolou para frente e saiu correndo em disparada em direção a Rasalas.

"Acabaram-se as opções", pensou. "O pior aconteceu". Agora, um deles teria de morrer.

Capítulo XXI

O Confronto

Apesar dos pensamentos correrem feito loucos por suas cabeças, indo da possibilidade clara do fracasso para o medo de irem contra uma hierarquia estabelecida por toda a sua vida, Rigel e Procyon não correram conforme se aproximaram da Sala Sagitário. Em parte, porque isso iria chamar a atenção dos guardas, mas principalmente para se manterem no estado mental necessário para realizar uma indução telepática.

Na última virada do corredor, Procyon propôs:

— Rigel, fica aqui. Eu vou na frente e coloco os guardas para dormir. Se eles o virem, vão chamar mais gente.

Sem esperar resposta, virou-se e entrou à direita como se estivesse simplesmente passeando.

A sala, que era a segunda do corredor, realmente tinha dois guardas na porta. Marcos e Luiz eram seus nomes, e bem conhecidos de Procyon. Todos os guardas eram conhecidos dele, de um jeito ou de outro.

Marcos e Luiz viram Procyon se aproximando sem se alarmarem. Quando Procyon fez menção a entrar na sala, eles simplesmente lhe disseram:

— Desculpe, Procyon, mas a Sala Sagitário está fechada por enquanto.

Procyon colocou sua melhor cara de contrariado e disse:

— Mas eu esqueci meu tocador de MP3 aí dentro!

Marcos deu um leve sorriso.

— Você pode pegá-lo mais tarde, Procyon.

— Mas é rápido! Eu só vou entrar e pegar ele na gaveta do armário!

Marcos e Luiz se entreolharam.

— Procyon, a sala está fechada agora – disse Luiz –, são ordens do Rasalas.

Procyon poderia continuar falando por mais tempo, mas com essa breve conversa, ele conseguiu a ligação mental que queria com os dois guardas. Já estava completamente a par das suas emoções. Deu um passo para trás, fixando ambos com o olhar, e enviou o comando mental mais forte que conseguia. Imaginou-se esmagando a mente dos dois guardas, retirando a sua consciência da cabeça, e arremessando-os nos sonhos.

A primeira reação de ambos foi de susto. Durou menos de um segundo. Procyon percebeu que devia ter colocado muito mais força do que o necessário, sinal do descontrole que a ansiedade estava lhe causando. Os dois guardas levaram as mãos à cabeça, expressaram uma súbita e intensa dor com a face, e, antes que pudessem sequer gritar, caíram no chão desacordados.

Procyon não sabia na hora, mas havia colocado os dois em um coma do qual eles só sairiam em alguns meses.

Ao ouvir o barulho dos dois guardas caindo no chão, Rigel correu rapidamente para junto de Procyon. Quando chegou, estava arfando pesadamente, contraindo os músculos da face de forma involuntária. Concentrava toda sua vontade em um ponto fixo à sua frente, até começar a suar de tensão, se preparava para um grande esforço telecinético.

Quem quer que estivesse dentro da sala também ouviu os dois guardas caindo no chão. Procyon e Rigel viram Antares abrindo a porta, olhando-os assustado.

Procyon e Rigel olharam fixamente para Antares, e ele sentiu imediatamente o peso daquelas duas mentes tentando se impor sobre a sua. Conseguiu virar para o lado e dizer: "Vega...", mas a força combinada de Rigel e Procyon era grande demais para que ele pudesse se manter controlado, maior até do que ele achava possível. Deu dois passos para trás, a essa altura apavorado com os garotos. Cambaleou, à beira do sono, e foi arremessado para a parede, contra a qual bateu e desmaiou.

Ao ouvir o apelo de Antares, Vega ergueu-se da cadeira em que estava, logo à frente de Lúcio, algemado. Ergueu um revólver contra Procyon e Rigel que acabavam de entrar, e disse apenas:

— Rigel.

Por alguns segundos, os três trocaram olhares. Não havia muito mais a ser dito. Aquela arma encerrava qualquer dúvida ou argumento, mas ainda assim, todos ali se permitiram um pequeno momento de observação. Lúcio, que estava mais dormindo que acordado, lutava para assimilar o que estava acontecendo ao seu redor e entender porque aquele peso todo que sentia era aliviado subitamente.

Rigel e Procyon sabiam que se Vega tivesse a menor sensação de que um ataque mental viria por parte deles, iria atirar antes. Felizmente para Rigel, ele tinha outras formas, mais indiretas, de atacar Vega. Quebrando o silêncio, a arma que Vega segurava foi violentamente arrancada de sua mão e voou pela sala, se chocando contra a porta aberta.

Vega deu dois passos em direção a Rigel. No terceiro, porém, levou as mãos à cabeça e soltou um grito. Sentia como se uma agulha estivesse rasgando seu cérebro. Olhou rapidamente para Procyon, que não havia deixado de se concentrar nele nem por um instante. Apoiou-se na parede, e logo depois se sentiu como um brinquedo na mão de um gigante. Foi retirado do solo e arremessado ao alto. Bateu com as costas no teto, e logo depois desceu, veloz, batendo o peito na mesa de vidro, que quebrou sonoramente. Dali para frente não emitiu mais nenhum som.

Procyon correu para Lúcio, mas Rigel ficou parado onde estava por alguns segundos. Estava sondando com suas percepções a ligação mental que tinha com Vega. Apenas quando se assegurou que ele ainda estava vivo, foi ajudar seu pai.

Lúcio ainda demorou um pouco para voltar inteiramente a si. Percebeu que não estava mais algemado e que os seus dois interrogadores estavam caídos no chão, sangrando. Quando percebeu que era Rigel que o estava ajudando a se levantar, ajoelhou-se e o abraçou. Rigel retribuiu com força, e no final da sua confusão, só o que Lúcio pôde dizer foi:

— Calma, filho, eu estou bem.

Um minuto depois, quando eles se separaram, Lúcio percebeu Procyon, que os observava calado e sério, e perguntou a Rigel:

— Quem é seu amigo, filho?

— Pai, esse é o Procyon, ele me ajudou soltar você. Foi ele que colocou os guardas para dormir, e me ajudou a pegar o Vega e o Antares.

"Ele colocou os guardas para dormir", repetiu mentalmente Lúcio, agora apenas um pouco assustado. Estendeu um braço a Procyon, trouxe-o para perto e disse:

— Bom, obrigado, Procyon. Obrigado mesmo. Agora, vocês acham que podem me ajudar a sair daqui?

Rigel apressou-se na frente, levando Lúcio. Procyon foi atrás. Ao sair da sala, permitiu-se ainda dar uma última olhada naquele lugar: Antares caído no canto, Vega desmaiado sob a mesa quebrada, os dois guardas dormindo. Pela primeira vez, a primeira de uma série que se tornaria assustadoramente freqüente, ele pensou:

"Eles não puderam me impedir... os professores não puderam me impedir... ninguém pode me impedir."

E seguiu Rigel e Lúcio.

Lúcio, Rigel e Procyon seguiram pelos corredores menos usados da Cosmos enquanto puderam. Apressados e agitados como estavam, não perceberam os vários avisos clarividentes de perigo que receberam. Rigel parou de repente, perto da escadaria que levava ao térreo e à saída, e disse:

— Procyon, pai, tem algo errado.

Mas já era tarde demais.

Os três estavam em um mezanino, uma passarela no primeiro andar da qual saía a escada que chegava ao térreo. Da esquerda e da direita, viram Kaus, Polaris e Sulafat se aproximando.

Sem uma palavra, uma menção de conversa sequer, Lúcio avançou para cima de Polaris enquanto Kaus se virou para Rigel, fixando-o atentamente. Procyon, percebendo o perigo, tentou despachar Kaus da mesma forma que havia feito com Vega e Antares, mas a ligação entre eles era fraca demais, e sem a ajuda de Rigel em um esforço conjunto, logo percebeu que não era tão fácil assim se livrar de um telepata treinado, mesmo um tão fraco quanto Kaus.

Sulafat, porém, não era telepata, mas um excelente psicometabólico. Sabendo que não poderia agüentar uma investida de Procyon, e que Procyon, apesar de ser bem poderoso, era ainda assim só uma criança, deu um salto acrobático para sua frente, e antes que o garoto pudesse esboçar qualquer reação, meteu-lhe um soco no queixo que o fez voar pela sacada, caindo metros para trás, desmaiado.

Lúcio ergueu a arma que carregava para Polaris, mas antes que pudesse atirar, sentiu, como Vega minutos atrás.

Uma grande força arremessando a arma para o lado, desarmando-o. Sem perder tempo, correu para Polaris e investiu dois socos e um chute contra ela, todos aparados com o braço. Ao final do seu chute, Polaris segurou seu tornozelo e passou-lhe uma rasteira. Mal Lúcio caiu no chão, Polaris já se jogava sobre ele com uma joelhada na barriga. Lúcio, atordoado, foi habilmente virado de barriga para baixo e imobilizado por Polaris.

Rigel, que estava se agüentando como podia contra a investida telepática de Kaus, ao ver Sulafat nocauteando Procyon, e Polaris subjugando Lúcio, abandonou toda a precaução e gritou:

— Pai!

Virou-se para Polaris e, concentrando nela toda sua raiva e tensão, arremessou-a telecineticamente escada abaixo. Polaris quicou no primeiro grupo de degraus que encontrou, e ainda rolou por metade da escada ao som de ossos quebrando.

Quando finalmente chegou ao chão, contorcendo-se e estrebuchando, Kaus, com quem a ligação com Polaris era a mais forte, em meio a um grito mudo de pavor e raiva, abandonou o ataque mental que fazia a Rigel. Saltou em direção à arma de Lúcio que estava caída no chão, e ergueu-a, mirando Rigel.

Não houve pausas. Tão logo Kaus teve Rigel na mira da arma, atirou. Lúcio, que estava livre de Polaris, usou a surpresa do momento para se desvencilhar de Sulafat, e encontrou no meio da dor das suas contusões esforço para mais um salto em direção a Kaus, caindo sobre ele no momento em que atirava.

Enquanto Rigel dava um passo para trás, sentindo o impacto do tiro, Sulafat se jogava sobre Lúcio para tirá-lo de cima de Kaus. Imobilizado, Lúcio assistiu Rigel, que observava com olhar levemente incrédulo o sangue que aparecia na sua camiseta.

— Alan, não! Alan, meu filho...

Mas os seus gritos eram cada vez mais fracos. A sua atenção era cada vez mais errática. Sentia-se com sono, muito sono. A certa altura, Sulafat e Kaus o soltaram, e ele se arrastou em direção a Rigel, que, a essas alturas, já não conseguia mais se manter de pé e segurando no corrimão da sacada, ajoelhava-se no chão.

Lúcio e Rigel não perceberam quando Alphard, guiada pelos gritos da luta, apareceu na sacada trazendo a maior parte das crianças da Cosmos. Concentrando-se junto com Aludra e Atria, colocou Sulafat e Kaus para dormirem.

Quando chegou próximo a Rigel, ajoelhado no chão, Lúcio estava levemente a par da presença de alguém a seu redor. Segurou seu filho nas mãos, que parecia mais atento do que nunca, e lhe disse:

— Está tudo bem, Rigel! Você vai ficar bem! Nós vamos para um hospital! Vai tudo ficar bem.

Os guardas da Cosmos não entenderam direito quando viram Rasalas correndo em direção ao estacionamento. Era seguido por Cláudio. Ambos corriam a uma velocidade atingida apenas nos treinos. Rasalas entrou habilmente em seu carro, e acelerou a tempo de escapar da corrida de Cláudio, que passou sua mão a centímetros do trinco da porta.

Quando eles entenderam que algo de muito errado havia acontecido e Cláudio precisava ser detido, este já havia montado em uma das motos do estacionamento e partido em alta velocidade atrás de Rasalas. Nem as armas apontadas, nem os avisos de pare, e nem o portão fechando na sua frente, por onde passou no último instante, foram suficientes para impedir que ele também saísse da Cosmos.

Cláudio ouviu os tiros das armas atrás dele, e apostou que nenhum dos guardas iria acertar nele ou na moto. Teve sorte. Como não era acostumado a riscos, sentiu-se levemente inseguro com esta atitude tão diferente do seu caráter. Mas o momento urgia. Afastou a preocupação, e se concentrou na perseguição.

O carro de Rasalas, caro e importado, era um daqueles modelos que custa o conforto que dá, e, por isso mesmo, não é dos mais rápidos. A moto que Cláudio havia pegado totalmente às cegas, também não era o modelo mais rápido do estacionamento. Mas Cláudio sabia tirar velocidade de uma moto. Perseguindo Rasalas a mais de cem por hora na deserta Estrada Cardoso Mello, com árvores bem cuidadas passando velozmente pelo seu lado, pouco à pouco, ele estava se aproximando.

Quando Cláudio estava quase encostando sua moto na traseira de Rasalas, suas tentativas de se aproximar dele pelo lado foram, por três vezes, frustradas pelas manobras de Rasalas, que bloqueava sua aproximação.

Rasalas sabia que estava apostando no tempo. Se ele chegasse à autoestrada, Cláudio não poderia mais persegui-lo sem atrair uma legião de policiais rodoviários. Rasalas estaria livre para voltar mais tarde à Cosmos e usar todos os agentes e crianças disponíveis para acabar com ele.

Uma curva aproximou-se. Cláudio, partindo para as tentativas desesperadas, fechou Rasalas por dentro e emparelhou a moto com seu carro. A reação de Rasalas era previsível: jogar o carro contra a moto e forçá-la para fora da estrada. Mas quando o carro atingiu a moto com força, Cláudio atleticamente soltou o guidão, impulsionou o corpo para cima com as pernas, saltou para o alto e para o lado e, virando quase uma volta completa no ar, aterrisou de barriga no capô do carro de Rasalas. Sua moto derrapou, caindo estraçalhada em meio das árvores.

Rasalas demorou um tempo para entender o que Cláudio havia feito, e até mesmo acreditar que ele estava no teto do seu carro. Neste ínterim, Cláudio se ajeitou como pôde, concentrou-se no seu próprio biorritmo muscular, comandou seus centros endócrinos para liberarem mais das enzimas necessárias. Com um único soco, atravessou o capô do carro.

Rasalas viu aquela mão surgindo do teto com um terror difícil de descrever. Seus olhos, normalmente esbugalhados, quase saltaram das órbitas. Enquanto controlava o carro com uma de suas mãos, a outra buscava pelo banco ao lado, no porta-luvas, embaixo do banco, em todo lugar, por algo que ele pudesse usar para ferir aquele braço e se livrar de uma vez por todas de Cláudio.

Mas o braço de Cláudio, procurando freneticamente por Rasalas, encontrou-o afinal. Rasalas o socava e batia com toda força, quando Cláudio segurou-o pelo colarinho e puxou-o para cima. Em meio ao barulho do motor e do vento, o som do crânio de Rasalas estalando no capô foi quase esquecido pela percepção de Cláudio.

Com Rasalas tonto, o carro desgovernou-se. Cláudio ergueu-se no capô e pulou para o lado. Com o que lhe restava de controle, contorceu-se no ar, caiu no chão quase como uma bola, amortecendo a queda com as mãos. Rolou três vezes, e ergueu-se, freando a si mesmo com o fim de uma corrida. Seu braço estava todo ensangüentado.

O carro de Rasalas ainda derrapou e começou a virar lentamente enquanto diminuía a velocidade. Neste momento atravessavam a ponte do Rio Cardoso. O veículo atingiu o parapeito da ponte, e, ao som de concreto se partindo, virou a parte traseira para fora dela. Pendeu. Retorceu-se sobre sua lataria. Virou lentamente para trás, e caiu, ponte abaixo.

Rasalas já estava fora do carro quando este descreveu sua queda livre em direção ao rio. Saiu no momento em que o carro havia parado de capotar, antes dele pender para trás. Quando o carro finalmente caiu, Rasalas, erguia-se a dez metros de distância de Cláudio.

Rasalas e Cláudio trocaram o que seria o seu último momento de silêncio. E por aquele breve instante, eles se permitiram ver no outro todos aqueles momentos amenos, as conversas aos fins de semana, as discussões filosóficas e as elucubrações políticas. Todos planos que haviam traçado e executado juntos. Lamentaram, ambos, o fim daquela amizade.

Mas no segundo seguinte, com a realidade da cena os obrigando a tomarem uma atitude, esqueceram-se do lamento e do remorso. Em uma respiração, estavam se atirando um sobre o outro, ao som do carro se despedaçando rio lá embaixo.

Cláudio investiu quatro socos, Rasalas aparou todos. Segurou o braço de Cláudio no último e o puxou para si, tentando uma rasteira. Cláudio girou o corpo enquanto se desvencilhava do agarrão. Sentiam o cheiro do suor um do outro. Rasalas encadeou uma seqüência de três socos e um chute bem próximos, que Cláudio por sua vez defendeu com uma perna e braço.

Por alguns segundos, talvez vinte, ficaram atacando um ao outro. Apenas uma pequena parte das investidas de Cláudio era bem sucedida, e mesmo estas, alteravam pouco o desempenho de Rasalas.

"Ele está ganhando tempo", pensou Cláudio. Sua saída enlouquecida da fundação não seria impune, logo os guardas estariam sobre ele. Rasalas estava tentando ganhar o tempo necessário para que estes chegassem. Não estava lutando para ganhar, apenas pelo empate, e isso lhe permitia guardar muito mais da sua energia.

Cláudio tinha que ganhar uma vantagem sobre ele, e logo. Usou tudo o que sabia. Uma seqüência de três socos em finta para um chute lateral. Deu um salto para trás com chute no rosto e uma investida violenta para empurrá-lo à beira da ponte. Tentou abrir sua guarda de forma controlada para chamar um ataque de Rasalas, que ele iria aparar e usar como alavanca para atirá-lo longe. Tentou um ataque facial disfarçando uma rasteira. Tentou agarrá-lo e forçar uma luta corpo-à-corpo. Chutes, joelhadas, socos, giros, saltos, fez tudo o que sabia.

Rasalas, atento, defendia-se. Aparava seus golpes. Saía para o lado. Evadia seus agarrões. Se agachava quando Cláudio pulava. A cada golpe mal dado, a cada investida evitada, ganhava tempo. Rasalas não atacava, apenas defendia, e tinha toda sua atenção voltada para esta tarefa. Poderia facilmente sustentar essa situação até que Cláudio estivesse cansado demais para um contra-ataque decisivo.

Em meio aos socos, chutes, e respirações pesadas, um outro som surgiu na estrada. Uma moto se aproximava vinda da Fundação. "São os guardas", pensaram ambos. Neste momento, Rasalas acreditou que tinha a luta ganha. Pelo mesmo motivo, Cláudio também soube que tinha a luta ganha.

Terminando a curva, o guarda com a moto viu Rasalas e Cláudio brigando em cima da ponte. Tratou de parar imediatamente e sacou sua arma. Desceu da moto apoiando a pistola com as duas mãos, e gritou:

— Parem!

Foi como se ele não tivesse dito nada. Os dois continuaram tentando "quebrar a cara" um do outro como se o guarda não estivesse ali. Com a proximidade que tinham entre si, ele não podia arriscar um tiro.

Cláudio fez mais uma investida contra Rasalas, obrigando-o a sair para o lado. Posicionou Rasalas bem à frente do guarda, e tirou dele qualquer linha de tiro que pudesse ter. Era apenas um paliativo. Bastava o guarda dar um passo para colocá-lo na mira. Cláudio sabia disso, mas também não precisava se proteger por muito tempo. Enquanto Rasalas se preparava para defender seu próximo ataque, Cláudio deu um salto acrobático, bem acima de sua cabeça, passando por Rasalas e caindo no chão metros atrás. Rolou três vezes em direção ao guarda, e saltou sobre ele, logo acima da sua linha de tiro.

O movimento de Cláudio foi tão rápido que o guarda não pôde acompanhá-lo com precisão. Deu dois tiros por instinto, mas nenhum atingiu Cláudio, que em meio a sua acrobacia estava sempre um pouco mais à frente do local onde o guarda mirava. Quando finalmente chegou a uma boa distância para ser alvejado, pulou sobre o guarda, e com uma cotovelada bem dada colocou-o a nocaute. Com a outra mão, pegava dele a arma.

    No momento que Cláudio virou-se armado para Rasalas, este já estava quase avançando sobre ele. Cláudio sabia que sua primeira ocupação seria desarmá-lo, e por isso mesmo, estendeu sua mão para trás, chutando-o pelo lado. Rasalas teve de aparar o golpe. Antes mesmo de colocar a perna com que o chutou no chão, Cláudio virou a mão recuada para frente e disparou a arma, acertando em cheio o peito de Rasalas.

    Nos primeiros segundos, Rasalas agiu como se não tivesse acontecido nada. Avançou com um chute para cima de Cláudio, e quando este o defendeu com seu braço livre, mirou mais abaixo um segundo chute com a mesma perna e o atingiu.

    Cláudio se ajoelhou de dor. Atirou novamente. E de novo. Rasalas cambaleou para trás. Com os olhos selvagens, avançou sobre Cláudio uma última vez. Deu um, dois, três socos... Cláudio defendeu todos com o braço. E, por fim, caiu no chão.

    Cláudio ergueu-se e deu dois passos para trás, sentindo a perna. Rasalas tentou levantar, apoiando-se na moto, mas cambaleou e caiu sobre ela, ficando de frente para Cláudio.

— Eu... – começou a dizer. Cláudio o ouvia impassível.

— Eu só queria proteger a Fundação, Achernar...

— Eu sei – respondeu Cláudio.

— Você vai acabar com tudo com sua política...

— Isso nós ainda veremos, Ivan.

— Achernar...

— Sim, Ivan?

— Será o nosso destino morrer pelas mãos dos nossos irmãos?

Cláudio não respondeu.

— Nós ainda vamos continuar esta briga... Achernar...

— Tenho certeza que sim.

— Até lá... Proteja... Meus filhos...

E não disse mais nada. Cláudio ficou observando-o, enquanto a vida escapava daquele corpo idoso. Seu sangue manchava o asfalto. Sentiu naquela hora o peso de todos aqueles anos, todo aquele plano, das mentiras e da hipocrisia. Das vidas que, a partir daquele naquele momento, estavam sob sua responsabilidade. Sentou-se ao lado de Rasalas, ainda vivo, mas já inconsciente. Olhou para cima silenciosamente. E como era de seu feitio, sem que ninguém pudesse perceber, chorou.

Epílogo

Quem ele vai ser?

Lúcio estava sentado há horas em um espaçoso salão de paredes brancas com tons pastéis. Atrás do sofá em que se encontrava, toda a parede era um imenso vidro cuja vista era de um amplo vale, com um jardim muito bem cortado logo abaixo, piscinas ao lado, um campo de equitação e mais tantas outras instalações esportivas.

Eram três horas da tarde.

À sua frente, as pessoas passavam como se não o vissem. "Há um muitas pessoas neste hospital. Demais para serem todos paranormais. A maioria dos funcionários da Cosmos não deve saber do que a fundação se trata".

Seu filho estava em cirurgia fazia mais de quatro horas. Lúcio não era nenhum médico, mas tinha sensibilidade alta o bastante para saber que algo de errado deveria ter acontecido. Ninguém lhe falava nada, ninguém nem ao menos olhava para ele. Almoçou os biscoitos da máquina de salgadinhos e um refrigerante dietético em lata, mas se naquele momento lhe colocassem um almoço na frente, não iria comer nada.

Horas atrás, como um alívio inesperado a toda aquela situação, recebeu um telefonema de Amanda, que havia acordado naquele dia e encontrado vários recados seus em sua caixa postal. Ela parecia não se recordar do que Lúcio havia lhe dito no dia anterior sobre Alan, e estava confusa, querendo saber o que tinha acontecido com ele, onde ele estava, e tudo o mais.

Lúcio se demorou com ela no telefone. Prometeu-lhe explicar tudo assim que voltasse para casa, mas não disse quando voltaria. Na verdade, não tinha a menor idéia do que lhe diria. Prolongou a conversa mais para falar com alguém e esquecer-se que seu filho estava passando por uma cirurgia de risco, do que para efetivamente lhe dar qualquer explicação.

"Será que eu o reencontrei somente para perdê-lo de novo", pensava.

Depois de um tempo insuportavelmente longo, Cláudio apareceu, vindo de dentro da ala com as salas de cirurgia. Estava usando muletas, e tinha a perna esquerda entalada em um fixador de acrílico.

Lúcio, em silêncio, ajudou-o a sentar. Ainda demorou um tempo angustiante para falar alguma coisa. "Mas esse é o seu estilo, ele não faz por mal", Lúcio pensou.

— O garoto está bem, Lúcio.

Ele não disse nada. Sentou-se na cadeira como se fosse a primeira vez. Só então Lúcio percebeu que ela era extremamente desconfortável. Olhando de relance para a máquina de salgadinhos, sentiu-se subitamente com fome. Mais do que tudo isso, porém, foi a luta impossível que teve de vencer para manter o controle sobre si mesmo. Levou as mãos à face, e enquanto expirava longamente, soltou um breve gemido de alívio.

— Aldebaran, ele é o nosso chefe de pesquisa, um excelente médico. Ele está cuidando de Alan. Não tem ninguém melhor do que ele na Cosmos. Seu filho ainda vai precisar de uma certa recuperação, mas a bala não atingiu nenhum órgão vital. Ele deve sair daqui a poucos dias. Nós só vamos mantê-lo em observação por um pouco mais de tempo porque, sendo um telecinético poderoso, queremos monitorar a sua recuperação de perto.

Cláudio olhou para Lúcio com um esboço de sorriso, e disse:

— Ele leva tiros que nem o pai, hein?

Lúcio sorriu, aliviado, e seguiu-se um longo período de silêncio. Nenhum deles falou nada: ambos tinham muito o que pensar. Eventualmente, as ponderações de Lúcio o levaram ao homem sentado ao seu lado. Em certo momento perguntou:

— E sua filha, como está?

Cláudio esboçou um leve sorrizo.

— Isabela vai ter alta ainda hoje. A bala não atingiu nenhum órgão vital, e ela tem uma excelente recuperação.

Deixou uma seriedade lhe cobrir a face quando perguntou:

— O que você pretende fazer agora, Lúcio?

Lúcio pensou nisso pela primeira vez, e respondeu francamente:

— Não sei... Esperar Alan se recuperar... Voltar para casa...

— Para a cidade?

—Sim, claro. Para onde mais?

Lúcio sabia o que Cláudio ia falar em seguida. Sabia até o rumo que a conversa inteira teria dali para frente. Nada fez para impedi-la.

— Por que você não fica aqui, Lúcio, na Cosmos?

— Eu? Na Cosmos?

— Sim.

— Cláudio, essas pessoas raptaram meu filho e mataram minha mulher, aliás, fizeram isso com dezenas de outras crianças também! Caramba, eles tentaram me matar! E você quer que eu fique com eles?

— Lúcio, o principal responsável por isso está morto. Tudo o que você falou foram realmente grandes erros. E são erros que eu pretendo consertar, redimir, se você quiser.

Rasalas tinha alguns ajudantes e partidários. Claro que tinha. Mas eu acho que todos eles sabiam que aquilo que faziam era errado, e queriam, de um jeito ou de outro, que a situação mudasse. Tanto é que os outros dois diretores da Cosmos e a diretoria da GWI, acabaram de me ligar e confirmaram minha nomeação como Presidente da Fundação.

Lúcio fitou Cláudio por um instante. "Que bom que você conseguiu o que queria", comentou claramente com seu olhar. Cláudio percebeu isso e emendou:

— O que eu quero dizer, Lúcio, é que eu pretendo mudar muitas coisas por aqui, a forma como nós fazemos as coisas, e preciso de ajuda. Preciso de alguém em que eu possa...

— Manipular? – cortou Lúcio.

Meio segundo depois, Cláudio continuou, no mesmo tom:

— Confiar. Sinceramente, Lúcio, a Cosmos se fechou para o mundo por muito tempo. As pessoas aqui dentro perderam a perspectiva de como é a vida lá fora. Você pode lhes renovar esta perspectiva. Você pode ajudar todas as pessoas aqui a verem o mundo, as outras pessoas, não como inferiores, mas simplesmente como diferentes.

Lúcio suspirou pesadamente.

— Cláudio, os mais velhos aqui, os da Segunda Geração, eles me odeiam. Eu e Alan, nós matamos Lesath, Astérope e aquela outra mulher...

— Polaris? Bem, ela ainda está em cirurgia. O caso dela é complicado, mas os médicos estão confiantes. Quanto a Lesath e Astérope... Bom, eles realmente tinham amigos aqui, mas também tinham inimigos, Lúcio. E todos sabem que eles morreram defendendo um ideal em que a maioria não acredita. Eles eram os principais partidários de Rasalas.

— E Vega, o que aconteceu com ele?

Cláudio inspirou lentamente, um meio-suspiro pesado, e respondeu:

— O caso dele é bem mais grave. Ele está em cirurgia até agora. Além de ter se cortado todo em uma mesa de vidro, Rigel esmigalhou vários dos seus ossos por dentro. Ele nunca mais será o mesmo. Os médicos estabilizaram sua condição, eu soube, mas ele dificilmente vai se recuperar. Ele está em coma, e os médicos não acreditam que ele possa sair dele tão cedo.

Lúcio não conseguiu evitar uma sensação satisfatória e prazerosa de vingança cumprida. Com uma parte moral de sua consciência, repreendeu-se, mas a sensação de justiça poética era forte demais para ele dar ouvidos à sua própria consciência.

Ponderou toda a situação.

— Eu não sei, Cláudio...– começou a responder. — Parece-me que esse não é o meu lugar...

Cláudio esperou um pouco antes de continuar:

— Tem uma coisa que você não está considerando.

Lúcio não falou nada, cansado demais para argumentar. Cláudio prosseguiu:

— Se você e Alan forem embora e tentarem viver uma vida normal... Talvez você consiga, mas seu filho dificilmente vai se adaptar. Lúcio, ele não só é um paranormal, ele é um dos mais fortes que nós conhecemos. Você acha que pode simplesmente matriculá-lo em uma escola e esperar que tudo fique bem? O que você vai fazer quando o primeiro garoto com quem ele arranjar briga aparecer no dia seguinte morto por hemorragia interna?

Lúcio virou furioso e assustado para Cláudio. Ele estava ganho.

— Aqui na Cosmos Alan vai estar entre os seus pares. Entre pessoas que sabem o que ele é, e que vão saber ajudá-lo a se desenvolver. O dom telecinético dele não pode mais ser suprimido. Vocês não vão conseguir sair daqui e viverem como se ele não fosse o que é, mesmo porque, Alan está acostumado a pensar em si como um telecinético, a usar suas capacidades como algo normal. Seria, no mínimo, doloroso para ele ter que ficar o tempo todo se contendo, sendo anulado por um senso comum que nunca vai atendê-lo como ele precisa ser atendido.

Lúcio reclinou-se para trás, passou a mão no rosto e expirou longamente. Afinal de contas, ele tinha razão.

— E quais são os seus planos, Cláudio?

— Juntar os restos. Recuperar o que pode ser recuperado. Desfazer o que pode ser desfeito. E continuar a vida. Eu ainda acredito na Cosmos, acredito que um paranormal deve aprender a lidar com seu dom, só não concordo com os métodos de Rasalas.

E por fim, com um tom que, na maioria das vezes, pareceria sincero, disse:

— Fique conosco, Lúcio. Entre para nossa família.

Lúcio ficou quieto por um bom tempo. Ponderou seriamente os prós e os contras que Cláudio havia lhe mostrado. Lembrou-se dos momentos com sua esposa, quando seu filho era só uma criança, e de como a vida era mais simples naquela época. Pensou em como seria ficar na Cosmos, se aceitasse. Pensou no que ele podia oferecer a Alan sozinho, e no que ele podia oferecê-lo na fundação. Pensou no tipo de vida, nas exigências e na criação que ele teria daqui para frente. E quando chegou a ponto de ter de decidir sobre o futuro do filho, perguntou:

— Quem ele vai ser, Cláudio? Alan ou Rigel?

Cláudio reclinou-se e respondeu prontamente, com uma lembrança de um sorriso:

— Por que a gente não deixa que ele mesmo decida isso?

E foi por causa desta resposta, e de nada mais que Cláudio disse, que Lúcio resolveu entrar para a Cosmos.

— Tenho uma condição – ele disse. Cláudio esperou.

— As outras crianças. Eu quero que todas saibam da verdade, e que os pais de todas elas saibam também.

Cláudio, com um leve e claro sorriso, disse:

— Sua condição, Lúcio, seria minha primeira ordem como presidente. De nada adiantaria termos afastado Rasalas da direção se não fosse para corrigir o que ele fez.

Lúcio assentiu, calado. Não falou abertamente que iria entrar para a Cosmos, e nem precisava. Nos instantes seguintes, ponderou sobre a personalidade de Cláudio e quanto ele realmente pretendia fazer do que falou. "O homem é cheio de meias verdades, de interpretações deturpadas". Considerou que deveria ficar ao seu lado nem que fosse para garantir que ele realmente faria o que disse.

Mais tarde, Cláudio apresentou Lúcio a um rapaz de uns trinta e cinco anos, magro, com longos cabelos negros e olhos profundos, um ar eternamente inquisidor, quem ele chamou de Charles Jordan. Sirius, como havia sido conhecido na Cosmos. Os três conversaram por um tempo sobre o que fariam dali para frente, como explicariam para as crianças a verdade sobre seus pais, como lidariam com o pessoal da Segunda Geração, como iriam rearranjar os recursos da fundação, e firmar sua posição. Cláudio participou de tudo de forma alheia, dando poucos palpites, mas com a consciência clara de que aquelas duas pessoas já o consideravam um diretor da fundação.

Horas depois, uma enfermeira aproximou-se de Lúcio e informou que seu filho estava acordado e podia receber visitas. Lúcio despediu-se de Cláudio e Sirius e dirigiu-se rapidamente ao quarto de Alan. Sirius fez menção de acompanhá-lo, mas Cláudio o deteve. Quando Lúcio já estava longe do alcance de sua voz, disse:

— Deixe-o ir, Sirius. Ele precisa ficar a sós com o filho.

Pouco depois, Sirius perguntou:

— Você acha que foi justo, Cláudio, o que fizemos com ele?

— Justo? Não... Mas foi preciso...

E depois de um tempo, completou:

— Eu gostaria que houvesse outra forma de termos feito isso.

Sirius surpreendeu-se:

— Gostaria? Puxa vida, Cláudio, quem sabe ainda há salvação para você afinal de contas...

Cláudio virou-se para ele com um sorriso levemente sarcástico, cansado demais para entrar nos vários significados do que Sirius queria dizer. Percebeu, naquela hora, e só naquela hora, que ele realmente teria feito tudo de outra forma, se soubesse como, e que no fundo, ele realmente queria que houvesse outra forma. Queria ter poupado Lúcio da vida para a qual ele o levou, e que ainda lhe traria tantas tristezas e desgostos.

Ainda passariam muitos anos até Cláudio perceber o tamanho do prazer que ele havia lhe proporcionado, e descobrir que, se dependesse de Lúcio, ele teria feito tudo de novo.

Este Livro foi impresso nas oficinas
da Editora Gráficos Unidos Ltda
0xx11 3208-4321
E-mail: editoragraficos@uol.com.br